30秒看世界

30秒认识太空

[英] 克莱夫·吉福德 著

[英] 梅尔文·埃文斯 绘

[英] 迈克·戈德史密斯 顾问

宋阳 译

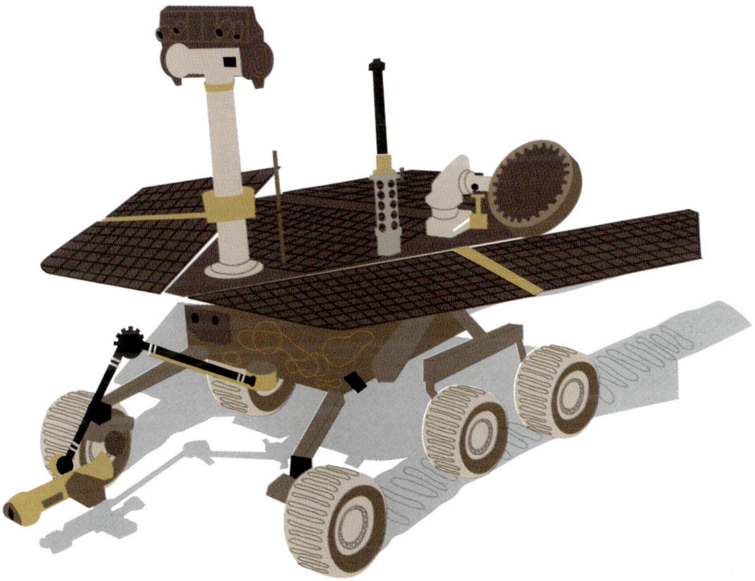

中信出版集团 | 北京

图书在版编目（CIP）数据

30 秒认识太空 /（英）克莱夫·吉福德著；宋阳译
. -- 北京：中信出版社，2019.7
（30 秒看世界）
书名原文：Space in 30 Seconds
ISBN 978-7-5217-0732-8

I. ① 3… II. ①克… ②宋… III. ①宇宙－少儿读物
IV. ① P159-49

中国版本图书馆 CIP 数据核字（2019）第 117353 号

30秒认识太空

著　　者：[英] 克莱夫·吉福德
译　　者：宋阳
出版发行：中信出版集团股份有限公司
（北京市朝阳区惠新东街甲 4 号富盛大厦 2 座　邮编　100029）
承 印 者：北京利丰雅高长城印刷有限公司

开　　本：787mm × 1092mm 1/16　　印　　张：5　　字　　数：60 千字
版　　次：2019 年 7 月第 1 版　　印　　次：2019 年 7 月第 1 次印刷
京权图字：01-2018-7505　　广告经营许可证：京朝工商广字第 8087 号
审 图 号：GS（2018）5921 号
书　　号：ISBN 978-7-5217-0732-8
定　　价：460.00 元（全 20 册）

图书策划：见识城邦
策划编辑：肖雪　程时音　　责任编辑：卢建勇　曲沛然　于贺
营销编辑：杨琪　　装帧设计：象上设计
责任印制：刘新蓉

30秒认识太空

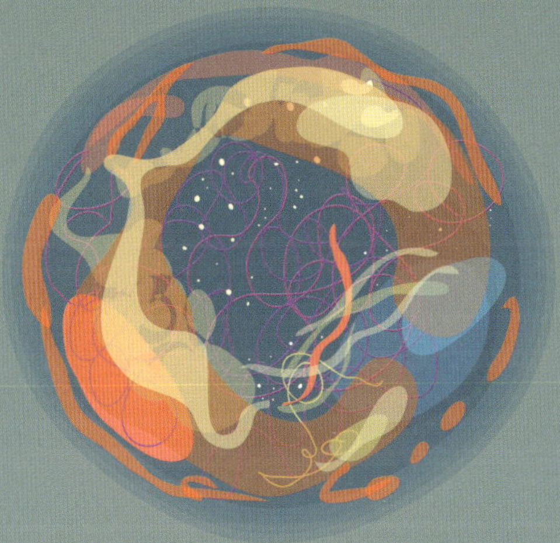

目录

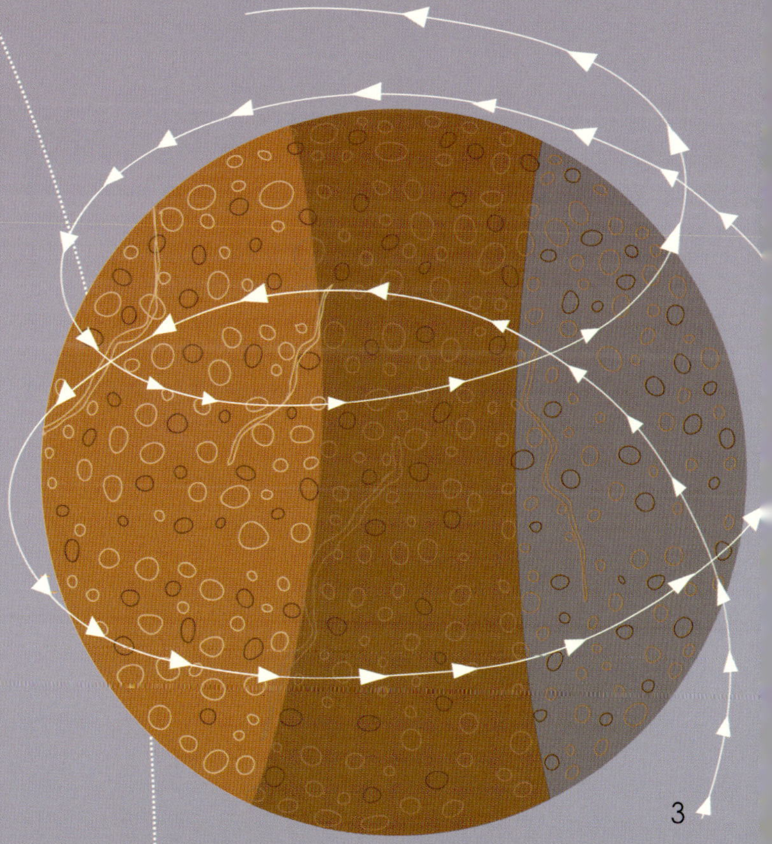

太空：那里有什么呢？

60秒介绍

当我们说到太空时，我们谈论的其实是宇宙。宇宙是我们能够触及、感知、度量和探测到的一切，包括生物、行星、恒星、尘埃云以及所有物体之间的空间。

太空如此广袤，所以人类无法直接探索太空。然而，在过去的100年里，天文学家和其他科学家在理解太空上取得了巨大的进展。为进行太空探索，他们使用科学仪器来收集有关遥远天体（比如恒星或黑洞）的信息。

我们把被称作“探测器”的机器送入太空，让它们探索行星、卫星和其他离地球较近的天体。例如，2012年8月，一个轿车大小、名为“好奇号”（Curiosity）的机器人飞越了5.63亿千米的

距离，到达了火星表面。直到今天，它还在探索地球的这个行星邻居，并通过无线电波将信息和照片传回地球。

本书将分几章来讨论许多与太空相关的重要话题，包括宇宙的开端和可能的结局、恒星和恒星的类型、太阳和太阳系的各大行星、星系，以及人类如何探索太空。

在探讨每一个话题时，你都可以在30秒内读完一页，并快速掌握主要事实。如果你赶时间的话，“3秒钟总结”能让你掌握基本概念。此外，“3分钟任务”让你有机会在地球上舒适的家中亲自体验探索太空的乐趣。

“大爆炸”

几个世纪以来，人类一直仰望夜空，想知道宇宙是如何诞生的，它是什么形状的，它到底有多大。关于宇宙的起源，人们提出了众多不同的理论，而目前，大多数宇宙科学家（空间科学家）都认同一个被称作“大爆炸”的理论。至于在遥远的未来，宇宙将会何去何从，我们还远远不能确定。

宇宙的开端

30秒大揭秘

宇宙就是存在的一切，它大得超乎想象。请想出一个你心目中最大的物体，然后乘以10亿，这个结果仍然与宇宙的实际大小相差甚远。宇宙科学家用“大爆炸”理论来解释宇宙的形成。

“大爆炸”并不是一次真的爆炸，而是一次始于一个奇点的瞬间膨胀。一切都从这个奇点向外膨胀，包括空间、能量、物质——宇宙中的万事万物。于是，各种力（比如引力）形成了，时间出现了。在“大爆炸”之前没有“之前”这个概念，这可能让人很难理解。

“大爆炸”发生后的3秒钟内，形成了3种最简单的元素：氢、氦和锂。最早的恒星形成于“大爆炸”之后的5 000万年至1.5亿年之间，随后星系形成了。“大爆炸”之后大约90亿年，太阳系和地球诞生了。

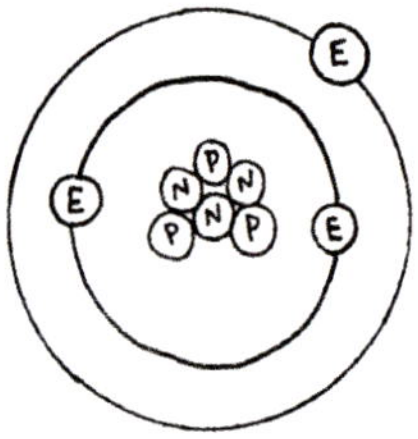

3秒钟总结

宇宙很可能始于“大爆炸”。

小知识

宇宙到底有多老？

宇宙的年龄是137亿年。如果把这段历史浓缩成一个地球年，那么：

- “大爆炸”发生在1月1日的第一秒。
- 地球形成于9月，第一只恐龙出现在12月24日。
- 12月31日深夜，人类出现了。古罗马人在午夜来临前的最后4秒登场。

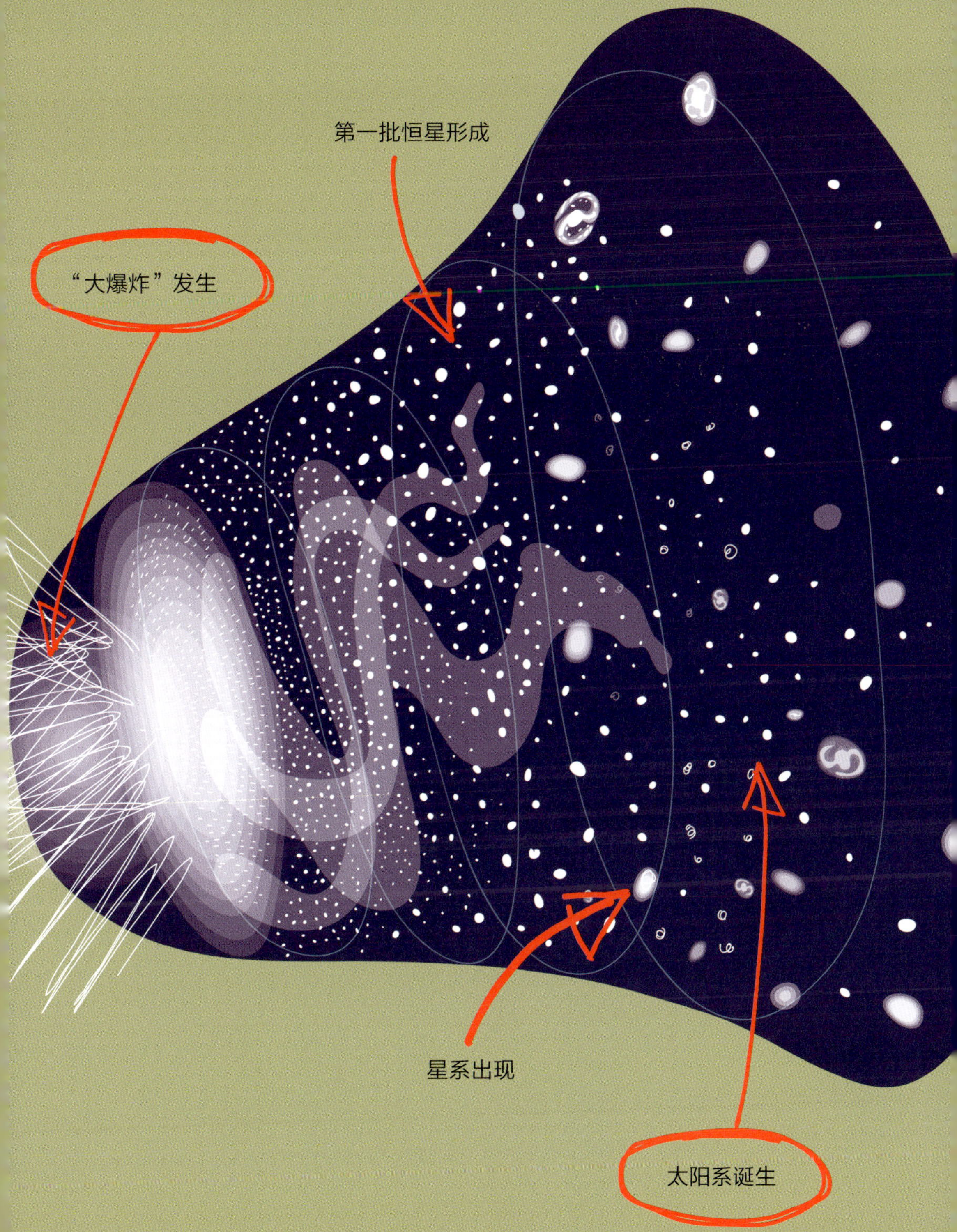
第一批恒星形成
“大爆炸”发生
星系出现
太阳系诞生

膨胀的宇宙

30秒大揭秘

从“大爆炸”一直到今天，宇宙在不断地膨胀。科学家是怎么发现的呢？在1929年，天文学家埃德温·哈勃（Edwin Hubble）用当时世界上最大的望远镜观测星系，发现星系群在相互远离。

让我们把星系群想象成面团里的一个个葡萄干。当面团膨胀时，葡萄干彼此之间就会离得更远。同理，遥远的星系群正在远离我们的本星系群（Local Group）。这些星系群与我们渐行渐远，同时远去的速度也越来越快。

在20世纪90年代，科学家发现宇宙并不是以一个恒定的速度膨胀，而是在加速膨胀。许多科学家认为，这是由暗能量引起的。暗能量是一种神秘的能量，占宇宙的70%以上。

3秒钟总结

宇宙正在快速膨胀。

3分钟任务

让宇宙膨胀吧

1. 给一只大气球充气，不要充得太鼓，然后用衣夹把充气口夹住，让气球浮在空中。

2. 用记号笔在气球表面画10个旋涡，每个旋涡代表一个星系群。在代表银河系的旋涡上写下字母M[1]。

3. 把气球充气到全尺寸的2/3左右，看看旋涡之间的距离是怎样拉大的。

4. 将气球充气到全尺寸，再看看旋涡之间的距离拉大了多少。旋涡其实并没有在气球表面上移动，它们之间的距离之所以会拉大，完全是因为气球在变大，就好像宇宙在膨胀。

1　M代表Milk Way，即银河系。（本书所有脚注均为译者注）

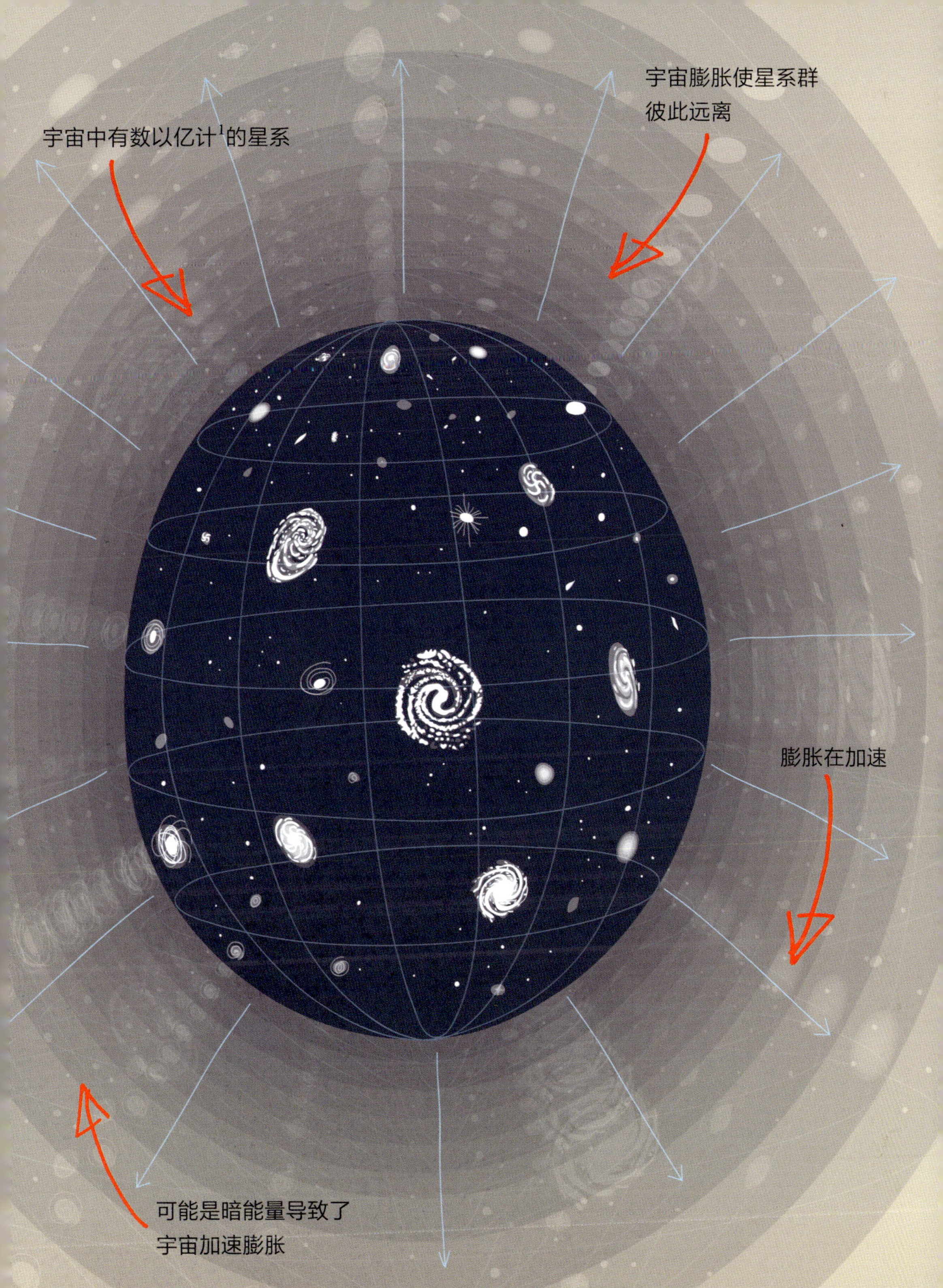

1 目前科学界普遍认为，宇宙中大约有10万亿个星系。

光年

30秒大揭秘

光年是距离单位，用来度量太空中天体之间的距离。光以299 792千米/秒的惊人速度运动，一年[1]可跨越9 460 730 472 580千米，约等于9.4万亿千米，真是令人难以置信。

因此，1光年约等于9.4万亿千米。我们为什么要使用“光年”这个单位呢？因为宇宙太大了，天体之间的距离太远了，“千米”这样的单位根本没法用。

离我们最近的星系是仙女星系（Andromeda，又称M31星系），它离我们居然有21 000 000 000 000 000 000千米。看看这一长串的0吧！实在是太多了，很难数清楚，所以天文学家用“光年”来代替“千米”。换了单位之后，仙女星系与我们的距离就是230万光年。

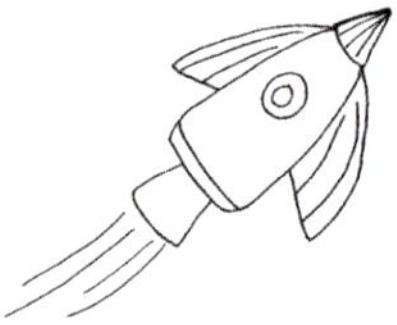

3分钟任务

计算出“你年”

一年有约365天，一天有24小时。你全速行进一年能跑多远呢？这就是“你年”。

1. 请计时，看看你跑完100米需要多少秒。
2. 将100除以第1步的结果，得出你每秒跑多少米。
3. 将第2步的结果乘以60，再乘以60，再乘以24，再乘以365。
4. 将第3步的结果除以1 000，得出你一年能够行进的距离（单位：千米）。

3秒钟总结

没有任何东西的速度能够超过光速。

1　如无特别说明，本书的一年以365.25天为准。

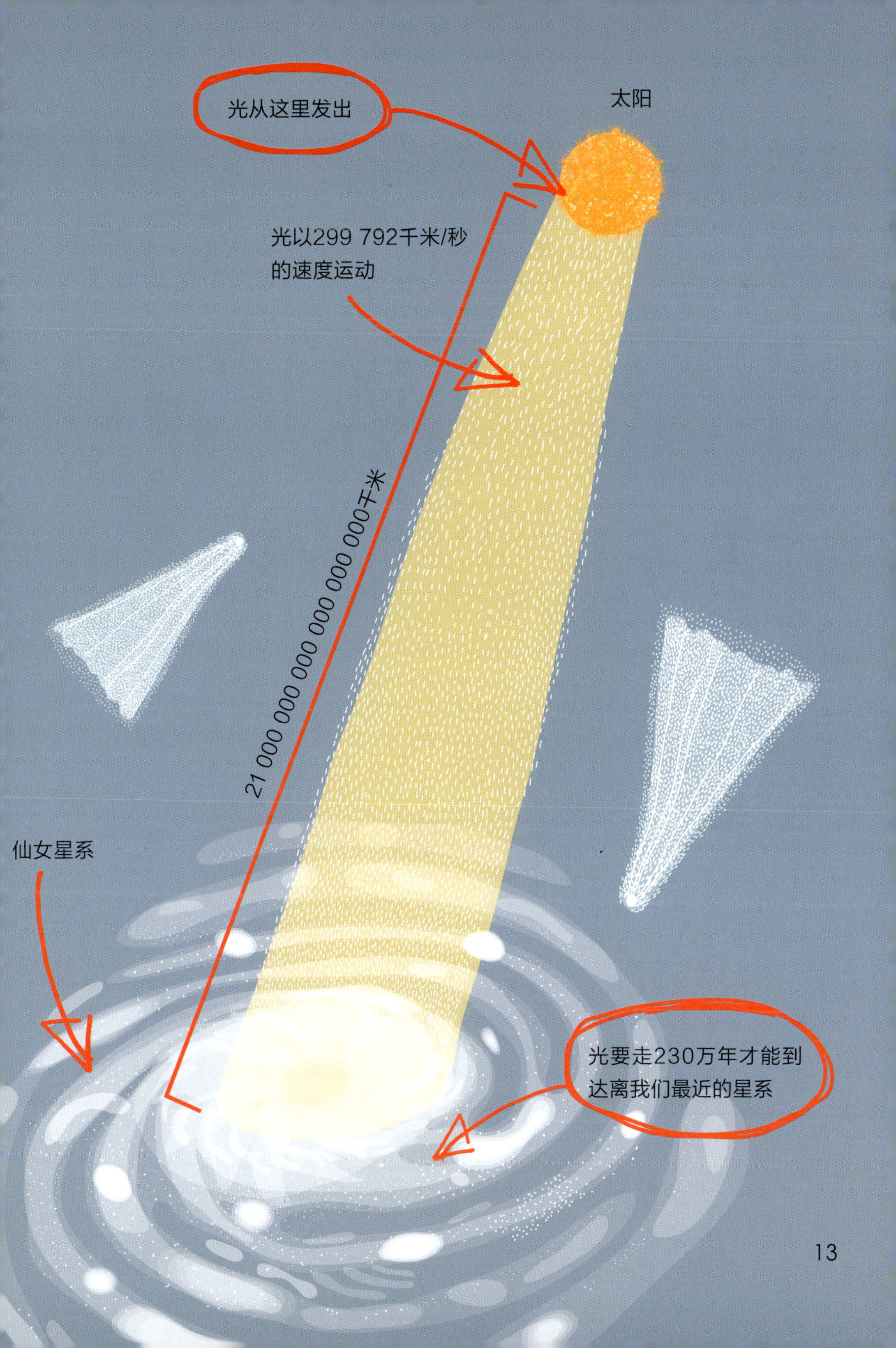
光从这里发出
太阳
光以299 792千米/秒
的速度运动
21 000 000 000 000 000千米
仙女星系
光要走230万年才能到
达离我们最近的星系

最后时刻

30秒大揭秘

宇宙会终结吗？没人真的知道。如果宇宙继续膨胀下去，可能会出现一次“大冻结”。星系之间的距离将会越来越远，最后气体耗尽，再也没法形成新的恒星。现存的恒星会耗尽燃料，慢慢地黯淡下去。宇宙会变暗、变冷，最终陷入极度的寒冷与黑暗。

还有一种更为剧烈的结局：“大撕裂”。根据“大撕裂”理论，宇宙中的空间持续膨胀，而星系内部也开始膨胀，从而导致星系解体。接下来，恒星内部开始膨胀，将恒星撕裂。膨胀将继续发生在行星身上，最终发生在单个原子的内部。膨胀将把宇宙中所有东西都撕碎。

上面这些场景让人感到有些心惊肉跳，但放心吧，没有哪个科学家认为宇宙的结局将会很快到来。无论宇宙结局如何，那都是几十亿年以后的事情了。

3秒钟总结

宇宙的结局可能是彻底冻结、撕裂或者坍缩。

小知识

“大挤压”

关于宇宙的结局，过去有一个流行的理论：宇宙将终结于“大挤压”。

这种理论认为，宇宙只能膨胀到某一程度，然后万有引力将会把宇宙往回拉，就好像被抻长的橡皮筋会缩回去一样。

宇宙万物彼此之间会靠得越来越近，直到宇宙坍缩成一个极其致密的点。

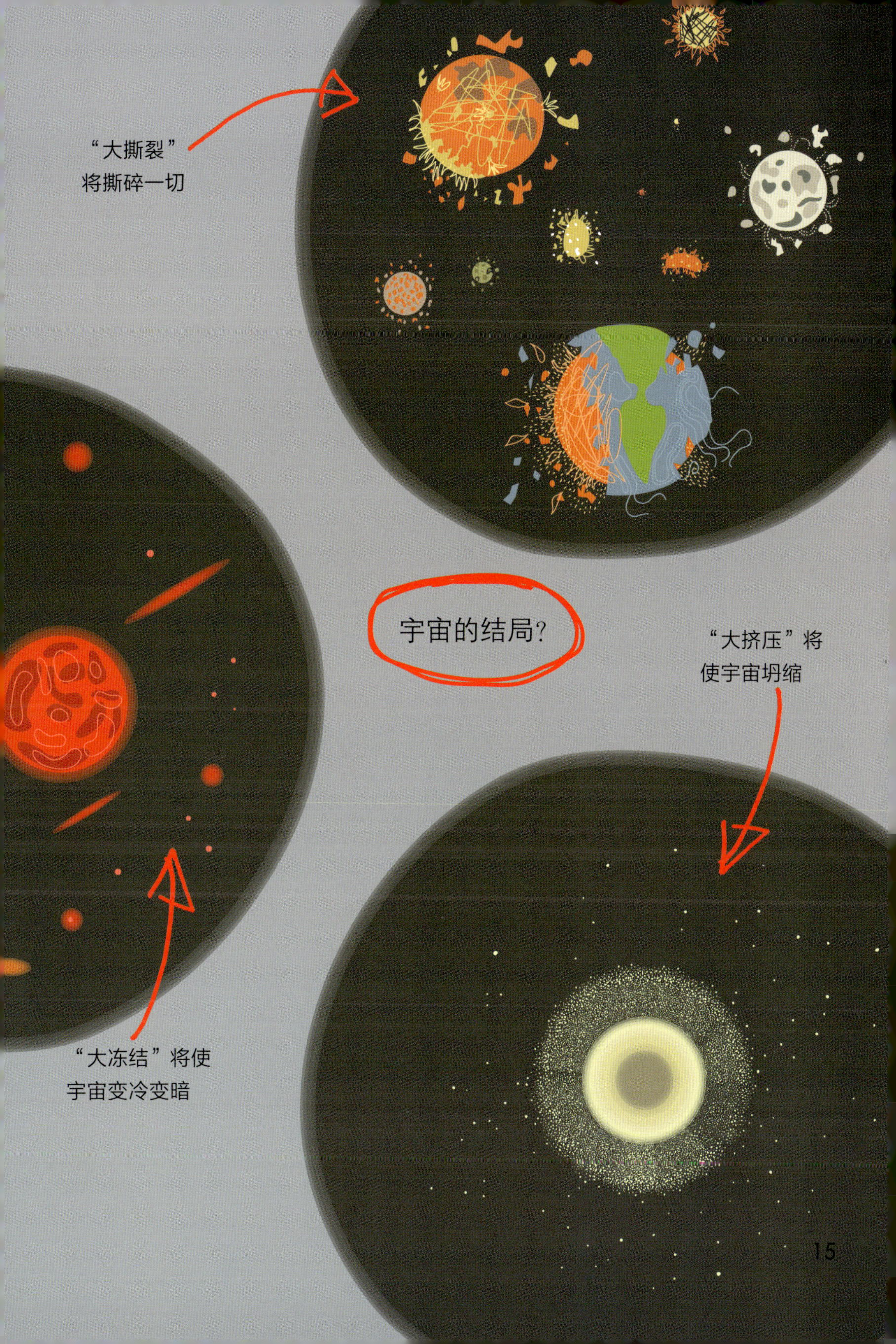
“大撕裂”
将撕碎一切
宇宙的结局?
“大挤压”将
使宇宙坍缩
“大冻结”将使
宇宙变冷变暗

恒星

恒星是剧烈燃烧的气态巨球。最小的恒星可能是太阳的1/10，最大的恒星可能比太阳大100倍！在黑夜，我们从地球上能够看到数千颗恒星，然而，这些只是宇宙所有恒星的一小部分——科学家认为宇宙中有数以亿计[1]的恒星。

1　目前科学界普遍认为，宇宙中大约有10万亿个星系，每个星系约有1 000亿颗恒星，所以宇宙中的恒星总数约为1 000 000 000 000 000 000 000 000。

恒星的诞生

30秒大揭秘

星云是巨大的尘埃和气体云，遍布整个宇宙。有些星云会形成恒星。

猎户座（Orion）星云是距离地球最近的星云之一，与我们相距大约1 340光年，也就是12 677 378 833 257 200千米！

超新星爆发或恒星近距离掠过都可能触发星云的一部分在其自身引力作用下收缩。随着收缩的部分变得越来越小，吸收的尘埃和气体越来越多，它们也会变得越来越致密和炽热，慢慢形成一个物质团，我们称之为“原恒星”。

原恒星的核心开始坍缩，压力和温度不断升高，从而引发核聚变。氢原子聚变成氦原子，释放出巨大的能量。就这样，恒星从原恒星里诞生了。

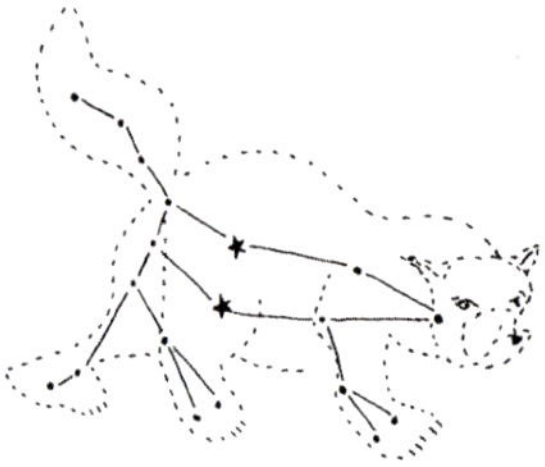

3秒钟总结

恒星在被称作“星云”的巨星托儿所里诞生。

3分钟任务

寻找恒星

星座是我们在夜空中看到的恒星组合，它们一年到头不停地变换位置。

请你从一本书上复印一张星图，或者从天文学网站下载并打印一张。（互联网上有好几个针对儿童的天文学网站）

然后，尝试在晴朗的夜晚找到三个星座。

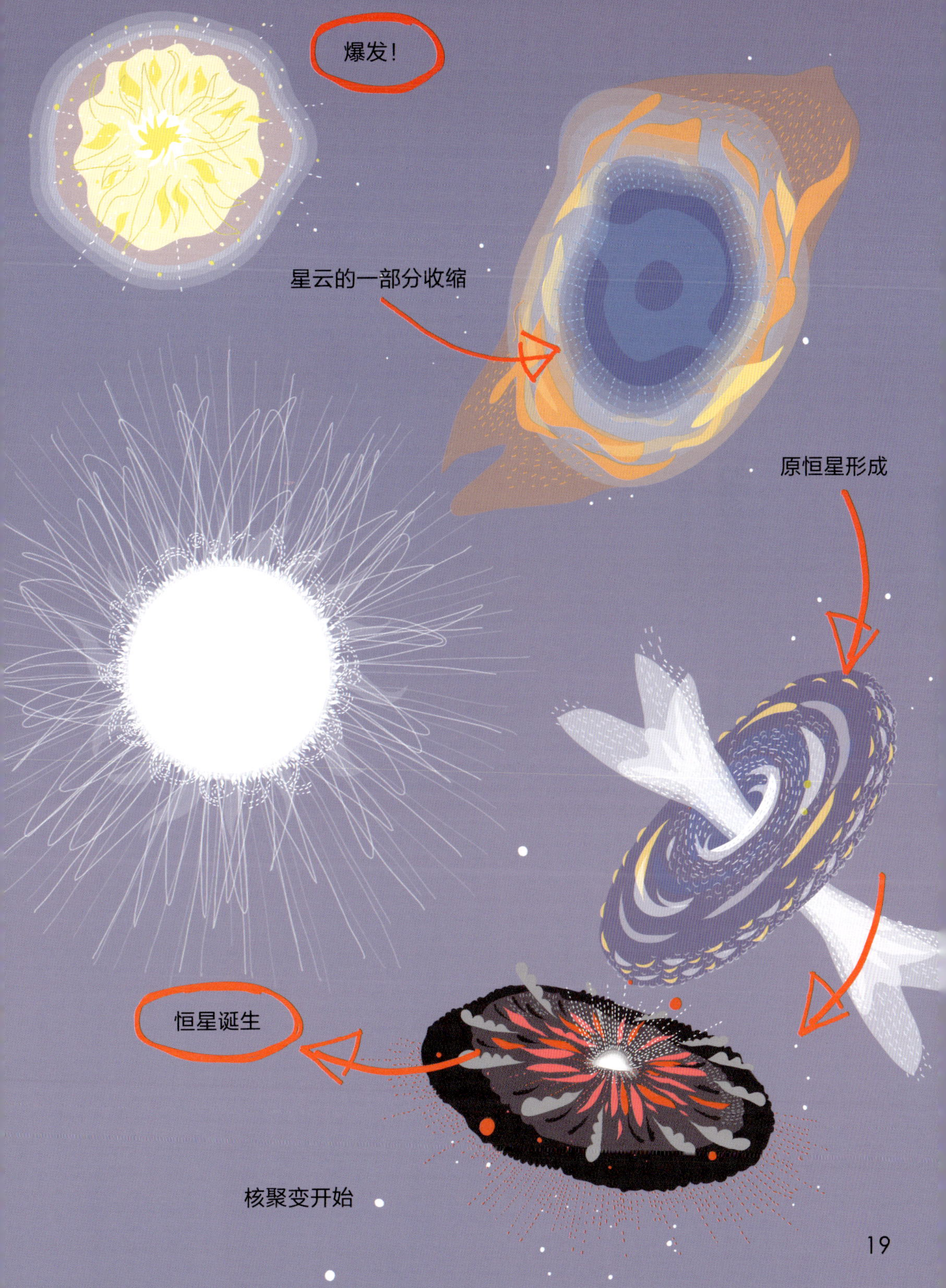
爆发！
星云的一部分收缩
原恒星形成
恒星诞生
核聚变开始

恒星的类型

30秒大揭秘

恒星的大小、温度以及从地球看上去的亮度各不相同。

太阳属于中等大小的恒星。有些恒星比太阳小，也有一些比太阳大得多。猎户座的参宿四[1]是一颗巨恒星。如果用它来替换太阳，那么它的外表面会在木星轨道上。

还有更大的恒星。大犬座（Canis Major）的大犬座VY（VY Canis Majoris）是已知最大的恒星。科学家认为，它的直径为30亿千米，是太阳直径的2 000多倍。

恒星燃烧的温度也各不相同。天文学家根据温度将恒星分为不同的光谱型。O型星最热，表面温度超过30 000开，约合30 000摄氏度。可真够热的！

每300万颗恒星里大概只有一颗O型星。O型星异常耀眼。距离我们大约5 000光年的天鹅座OB2－12（Cygnus OB2-12）就是一颗O型星，它比太阳亮600万倍。

3秒钟总结

有些恒星比其他恒星更大、更亮、更热。

小知识

恒星有多亮呢？

我们可以根据从地球上看到的光亮程度对恒星进行分类，这种分类方法被称为“视星等”。

最亮的恒星自然是太阳。天狼星[2]次之，它是黑夜里最亮的恒星。再后面是老人星[3]和大角星[4]。

1 参宿四（Betelgeuse），又称猎户座α星（α Orionis）。
2 天狼星（Sirius），又称大犬座α星（α Canis Majoris）。
3 老人星（Canopus），又称船底座α星（α Canopus）。
4 大角星（Arcturus），又称牧夫座α星（α Arcturus）。

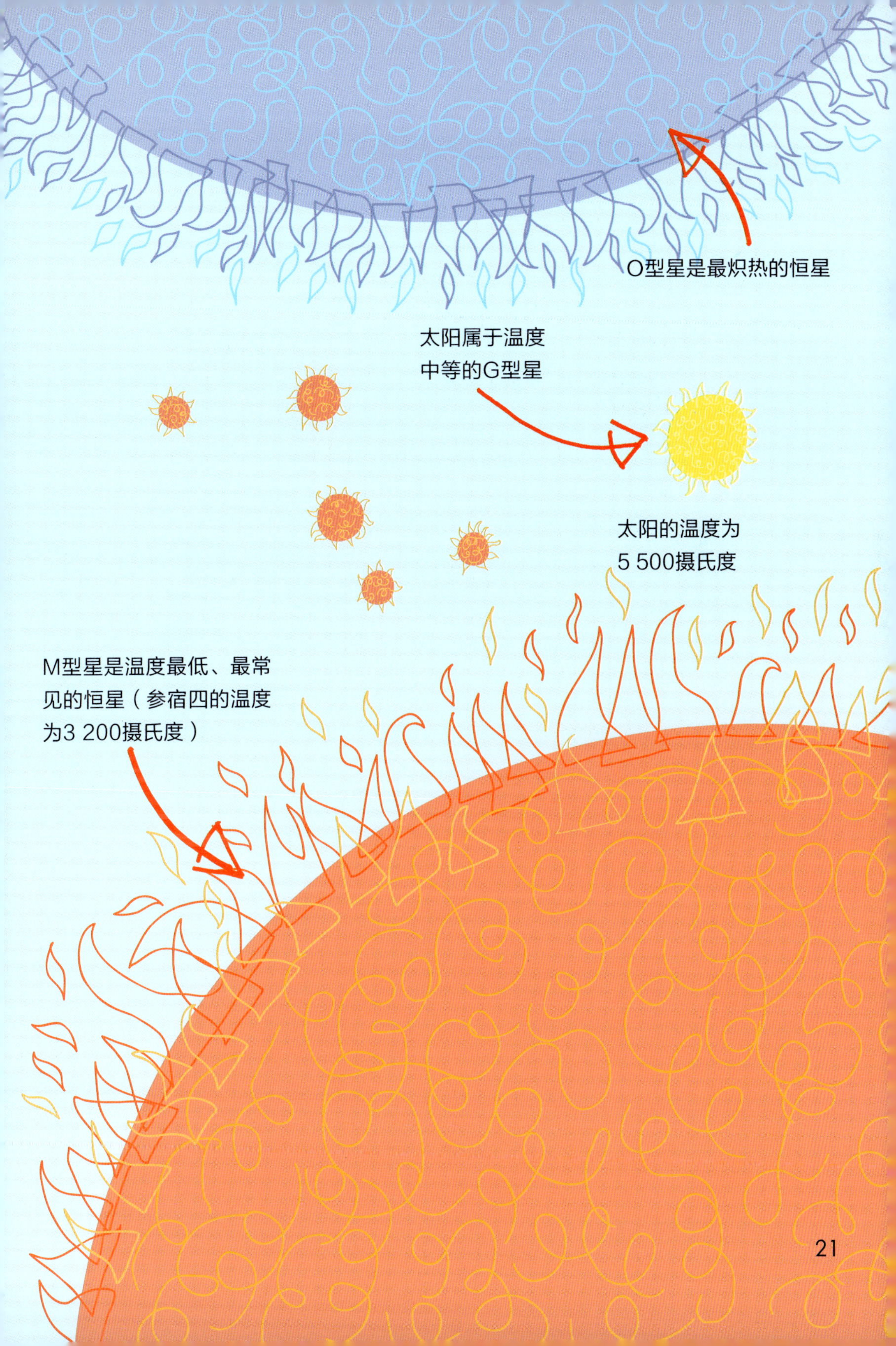
O型星是最炽热的恒星
太阳属于温度中等的G型星
太阳的温度为5 500摄氏度
M型星是温度最低、最常见的恒星（参宿四的温度为3 200摄氏度）

超新星

30秒大揭秘

恒星有不同的灭亡方式，其中最壮观的灭亡方式是II型超新星爆发。一颗巨恒星在燃料不足以维持其核心的核聚变时，就会发生II型超新星爆发。核心在引力的作用下猛然坍缩，产生高达1 000亿摄氏度的极高温。

之后，核心反弹，将恒星物质以15 000 ~ 40 000千米/秒的速度抛出去，只要一秒钟，就能产生一颗小恒星一生所释放的能量。有些超新星可以持续发光好几个月，亮度与寻常恒星差不多。

超新星爆发十分罕见，但请你在眺望星空时一定要全神贯注，谁知道会不会发现超新星呢！在2011年，10岁的加拿大小姑娘凯瑟琳·欧罗拉·格雷成为世界上最年轻的超新星发现者。[1]那颗超新星出现在银河系，被命名为UGC3378，距离我们2.4亿光年。

3秒钟总结

II型超新星爆发是一次巨大的爆炸，将恒星炸得粉碎。

超新星效应

让我们看看当超新星的核心反弹时，它所释放的能量怎样把恒星的外层吹掉：

1. 把一个篮球（或足球）和一个网球依次扔到硬地上，请观察它们弹起的高度。

2. 接下来，把网球（相当于恒星的外层）放在篮球（相当于恒星的核心）上面，然后一起扔到地上。

3. 网球因受到巨大的力而飞走，就好像恒星的外层被超新星的核心吹走。

1　2013年，凯瑟琳·欧罗拉·格雷（Kathryn Aurora Gray）的弟弟内森·格雷（Nathan Gray）也发现了一颗超新星，从而取代她成为世界上最年轻的超新星发现者。

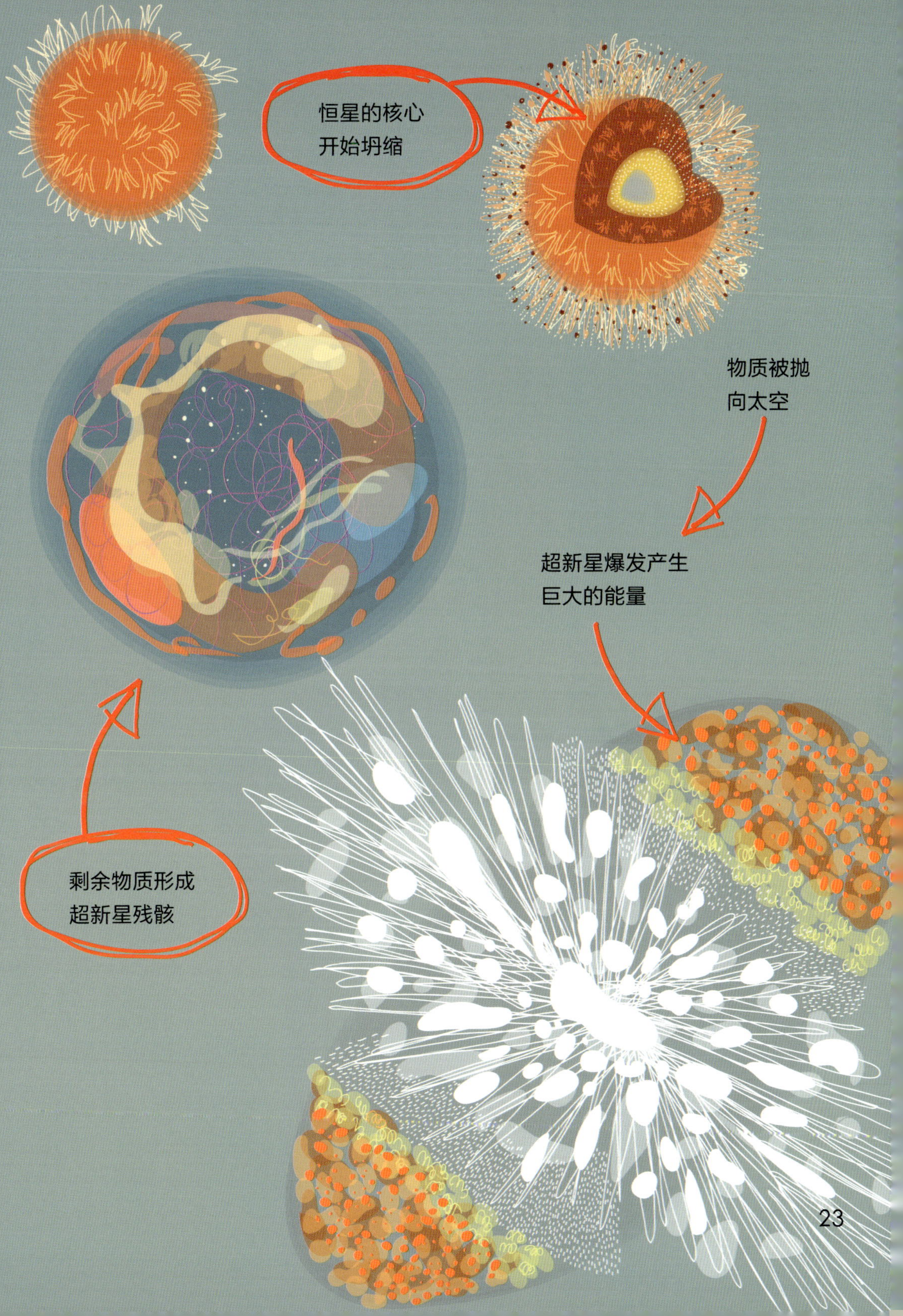
恒星的核心
开始坍缩
物质被抛
向太空
超新星爆发产生
巨大的能量
剩余物质形成
超新星残骸

安静地死去

30秒大揭秘……

恒星并非全都以壮观的超新星爆发终结。红矮星是质量不到太阳一半的恒星，但核心的核聚变仍在进行。这类恒星默默走向生命的终点：随着燃料耗尽，它们逐渐萎缩、变暗。

质量在太阳质量的1/2到8倍之间的恒星有着更为复杂的结局。随着中心的氢燃料烧尽，这类恒星开始用氦作为燃料，体积膨胀，变成红巨星。最终，恒星的外壳或外层被抛射出去，形成一团云，这就是“行星状星云”，而剩下的核心被称为白矮星。

白矮星是极为致密的小恒星，主要由碳构成。典型的白矮星差不多与地球一样大或者略大一些，但所包含的物质却与太阳一样多。白矮星将在几十亿年的时间里慢慢冷却、变暗。

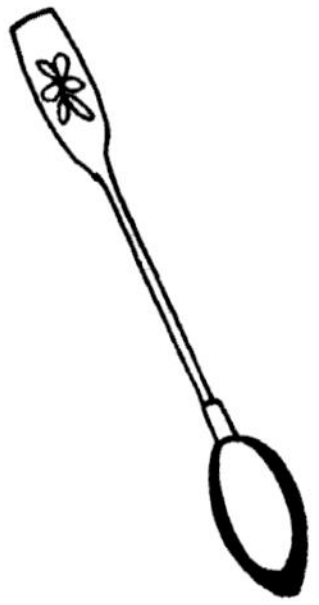

3秒钟总结

有些恒星收缩并消亡，而有些膨胀然后冷却。

小知识

中子星

白矮星的密度很大，但中子星的密度更大。超新星爆发后会留下一个由中子构成的核心，这便是中子星。中子星密度惊人，一茶匙中子星的质量可能超过100万吨。一颗中子星的直径可能不到20千米，但所包含的物质却相当于整个太阳系。

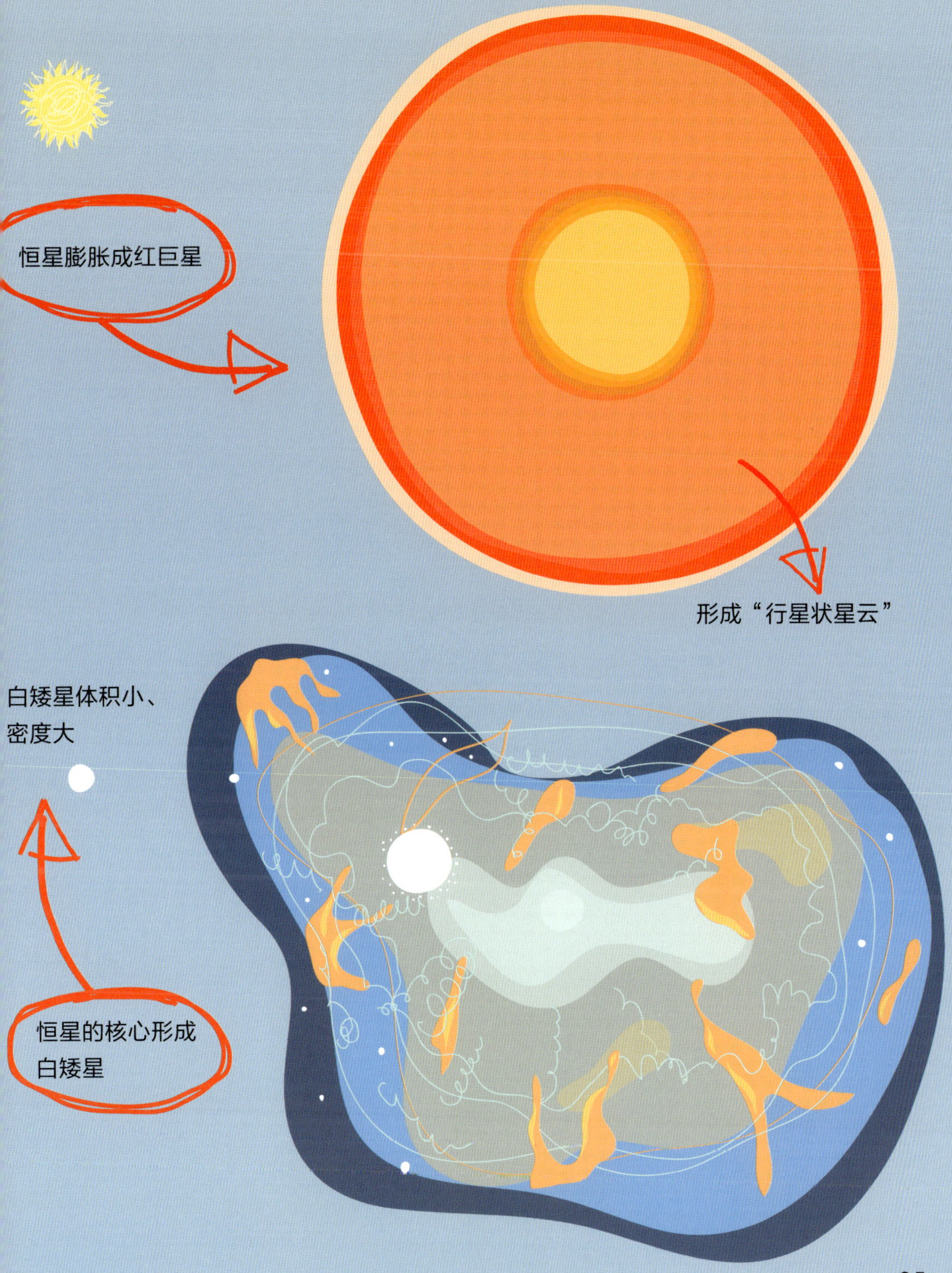

恒星膨胀成红巨星
形成“行星状星云”
白矮星体积小、
密度大
恒星的核心形成
白矮星

太阳与内太阳系

太阳是一颗中等大小的恒星。由于太阳的引力，有8颗行星、行星的卫星以及其他天体沿着椭圆形的轨道围绕太阳运行。距离太阳最近的四颗行星分别是水星（Mercury）、金星（Venus）、地球和火星（Mars）。它们有坚硬的岩石表面，所以被称为类地行星。这四颗行星连同太阳、小行星、彗星、尘埃、气体和流星体组成了内太阳系。

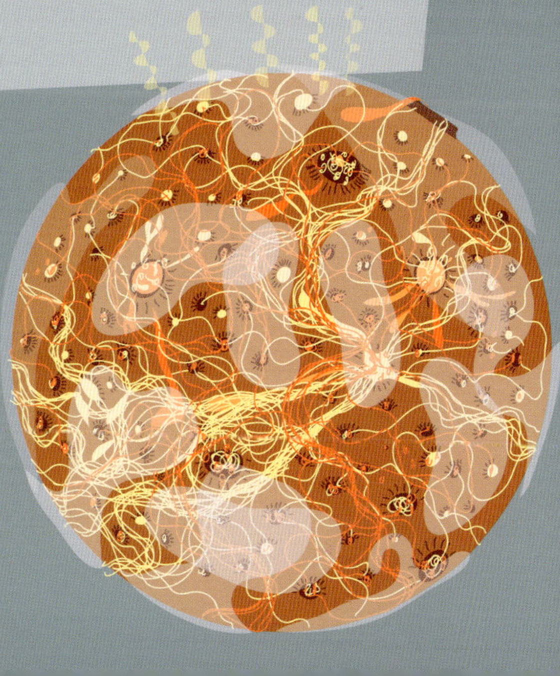

太阳

30秒大揭秘

太阳是位于太阳系中心的恒星。它具有巨大的质量，产生的引力使行星、小行星和其他天体绕着它运行。它散发出光和热。

太阳的核心是一个巨大的核熔炉，每秒钟都在发生核反应。超过6亿吨的氢原子聚变成氦原子并产生巨大的能量。

这些能量穿过辐射层和对流层到达太阳表面，也就是光球层。光球层向外依次是色球层和日冕层（外层大气）。日冕层的温度可达100万～200万摄氏度。好热啊！

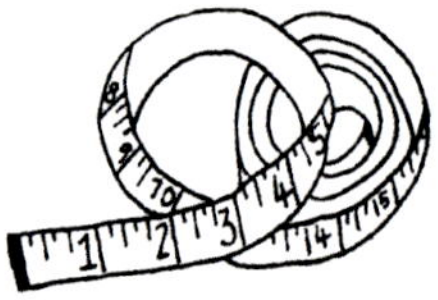

3分钟任务

测量太阳的大小

让我们用纸板、大头针、白纸和直尺来测量太阳。记住：千万不要直视太阳！

1. 用大头针在纸板中间扎一个小孔，然后拿起纸板，让阳光透过小孔照射到白纸上。把纸板和白纸之间的距离尽量拉远（最好是1米或更远），以便形成比较大的图像。

2. 找个朋友帮忙测量一下白纸上图像的直径、小孔与白纸之间的距离，然后把测量结果填入下面的公式。

$$\frac{\text{白纸上太阳的直径}}{\text{小孔与白纸之间的距离}} \times 149\,600\,000\text{千米}^{[1]} = \text{太阳直径（千米）}$$

你的测量结果跟太阳的实际大小接近吗？

3秒钟总结

太阳给我们的太阳系提供光和热。

1　为便于计算，此处的149 600 000千米为太阳与地球的平均距离的取整结果。

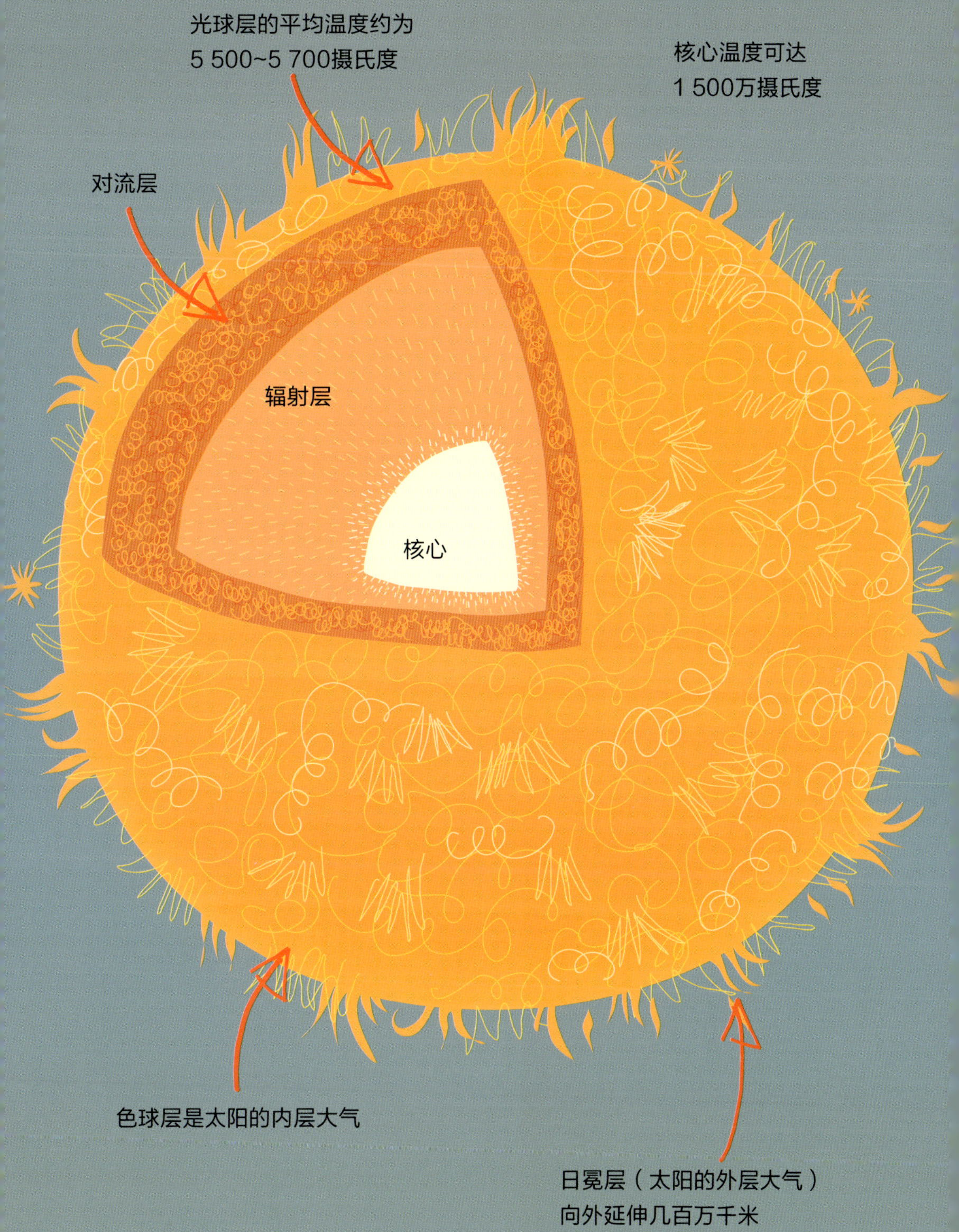
光球层的平均温度约为
5 500~5 700摄氏度
核心温度可达
1 500万摄氏度
对流层
辐射层
核心
色球层是太阳的内层大气
日冕层（太阳的外层大气）
向外延伸几百万千米

水星

30秒大揭秘

水星是离太阳最近的行星，两者的平均距离为5 790万千米。水星是太阳系最小的行星。

水星只需要88个地球日就可以绕太阳运行一周，所以一个水星年是一个地球年的1/4。

所有行星都在绕自转轴自转，自转一周就是我们说的一天。地球自转一周差不多要24小时。水星的自转非常缓慢，它自转一周需要1 400多个小时，相当于地球上的59天。因此，水星的一年只有不到两个水星日。

当太阳光直射到水星表面时，水星的温度可以达到427摄氏度。如果没有阳光照射，水星的温度可以降到零下170摄氏度以下。

大部分水星表面被大大小小的陨坑覆盖。天文学家认为，在太阳系形成的早期，水星曾经多次受到小行星撞击。

3分钟任务

制造陨坑

把面粉和少量水放入碗中搅拌，揉成一个柔软但不要太稀的面团，然后把面团放进一个大烤盘或者一口砂锅里，拿到室外。

请站在烤盘或砂锅的正上方，然后把不同大小的球状物（比如弹珠和高尔夫球）从膝盖、胸部和头顶等不同高度扔到烤盘或砂锅里。请留意不同物体以不同速度撞击面团表面后，所造成的撞击坑的大小。

3秒钟总结

小小的水星既有酷热的一面，也有极寒的一面。

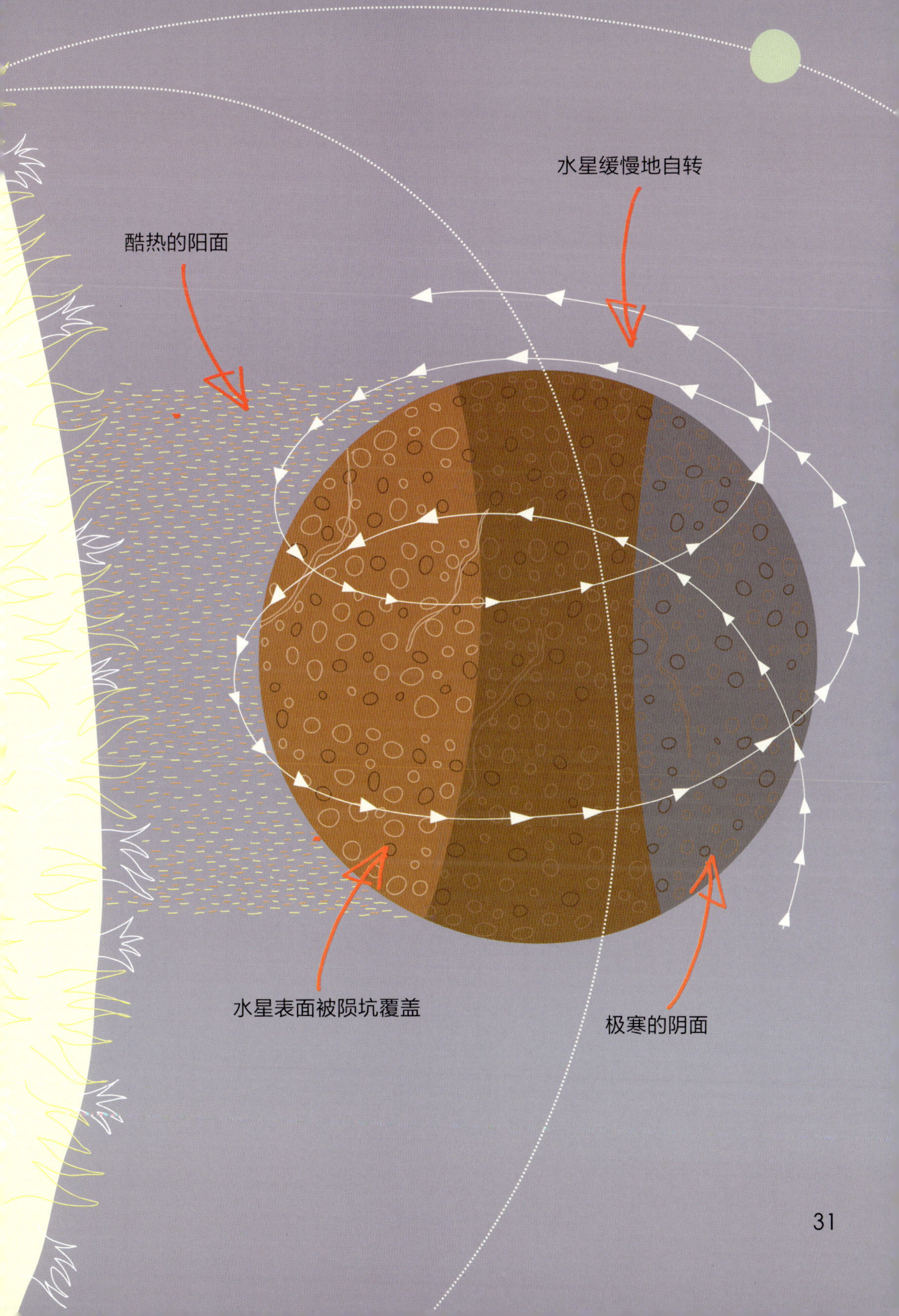
水星缓慢地自转
酷热的阳面
水星表面被陨坑覆盖
极寒的阴面

金星

30秒大揭秘

金星是离太阳第二近的行星，与地球大小相似，是太阳系炽热的行星。

金星绕太阳一周需要224.7个地球日，这个速度真的很快。但一说到自转，金星却变成了个慢性子。它自转一周需要243个地球日，比一个金星年还要长。

金星表面的平均温度约为462摄氏度，足以把铅熔化。

而且金星不会散失什么热量，因为它的大气层就像一条厚厚的毯子，把所有热量都捂在里面。金星的大气层有大约96%的二氧化碳、3.5%的氮和一些硫，但几乎没有动物生存所需的氧气和水蒸气。

厚重的大气层给金星施加的压力是地球大气压的90倍。就算你能在笼罩全球的有毒大气里活下来，这份压力也会把你压扁。

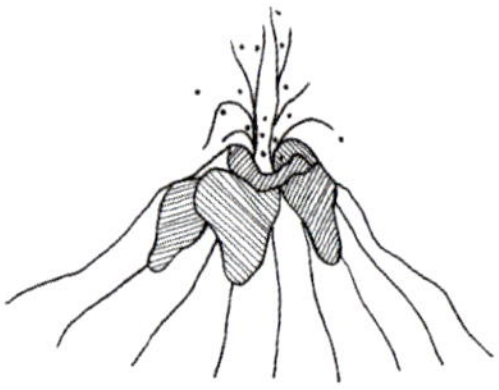

3秒钟总结

金星炽热无比，还有一个有毒的大气层。

小知识

造访金星

金星厚重且有毒的大气层令天文学家很难从地球上观察金星表面，但“麦哲伦号”（Megellan）、“金星快车号”（Venus Express）和“金星号”（Venus）等太空探测器已经到达金星，并使用能够穿透云层的仪器研究金星。

这些探测器发现，金星表面没有生命，上面杂乱无章地分布着火山、陨坑和由火山熔岩构成的平原。

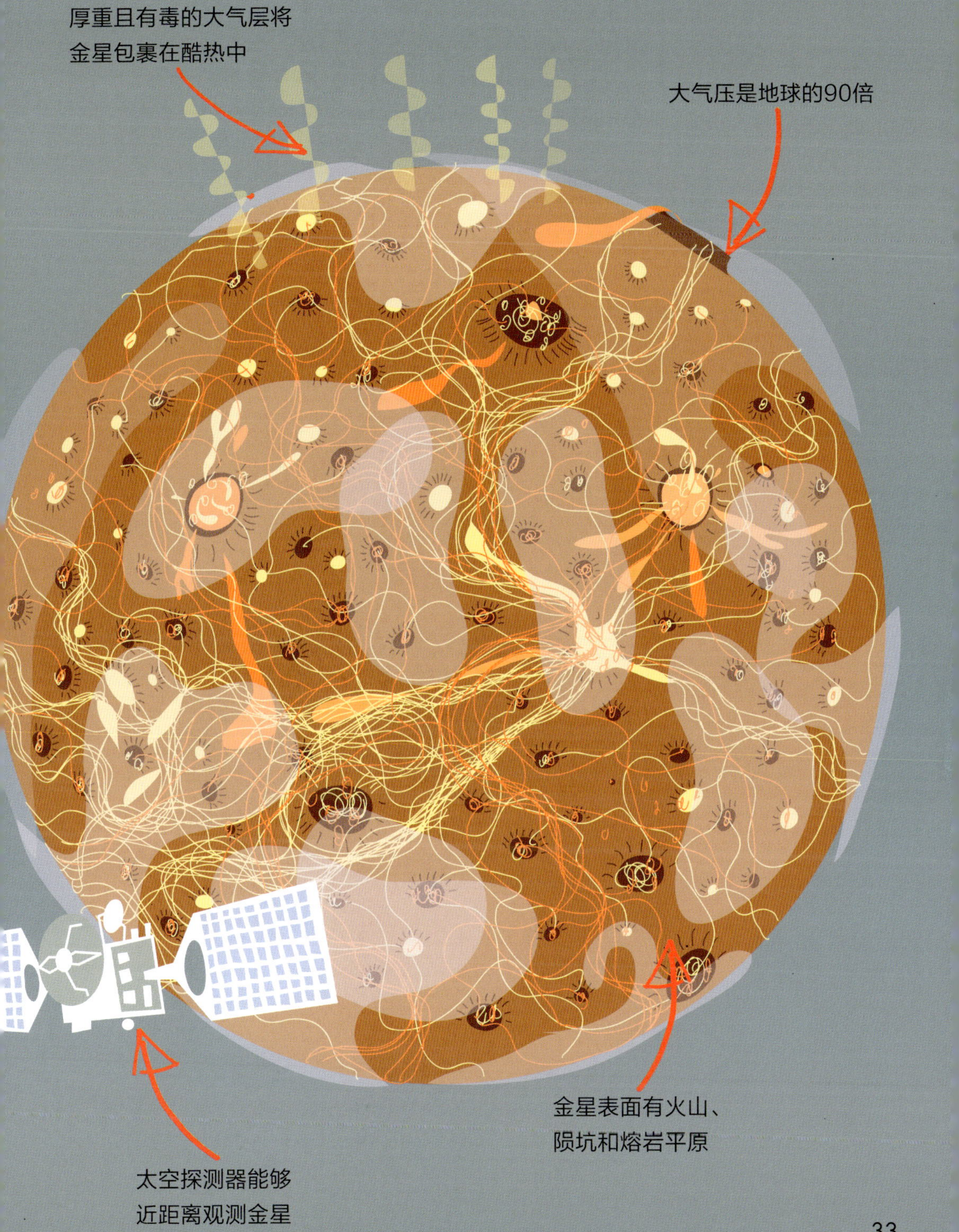
厚重且有毒的大气层将
金星包裹在酷热中
大气压是地球的90倍
金星表面有火山、
陨坑和熔岩平原
太空探测器能够
近距离观测金星

地球和月球

30秒大揭秘

地球与太阳的平均距离是149 597 870.7千米。这个数字就是1个天文单位，是我们在描述太阳系时使用的距离单位。例如，木星与太阳的距离约为5.2个天文单位。

我们的地球运动起来可是一本正经的：它沿着9.399亿千米长的公转轨道绕着太阳飞快地转圈，与此同时，它还绕着自转轴自转。它每过23小时56分4秒就会面向太阳一次，给我们带来白天和黑夜。

地球的转轴倾角[1]为23.5度，这就有了地球上的季节更替。朝着太阳倾斜的那个半球享受夏季，而另一个半球经历冬季。地球不停地绕太阳公转，季节也随之变化。

大气层将地球包围起来，让它免受许多有害太阳射线的伤害。大气层使地球表面保持温暖，生命因此得以延续。

地球有一个卫星，那就是月球，两者的平均距离是384 400千米，也就是0.0026个天文单位。月球表面有许多陨坑[2]，还有平坦的岩石平原，我们称之为“月海”。

3秒钟总结

你所在的这颗行星正在以大约107 000千米/时的速度绕太阳运行。

3分钟任务

画一张月球地图

准备一个双筒望远镜或者一个天文望远镜，选一个晴朗的夜晚，亲手绘制一张月球地图吧。你可以把看到的任何表面特征都画下来。你能找到陨坑或者月海吗?

1　转轴倾角，行星自转轴与穿过行星的中心点并垂直于行星公转轨道面的直线之间的夹角。

2　原文为“hundreds of craters”，即数以百计的陨坑。事实上，仅在月球正面，地基望远镜可见的直径大于1千米的陨坑就有大约300 000个，而月球探测器高分辨率成像设备揭示了月面存在数以百万计的陨坑。

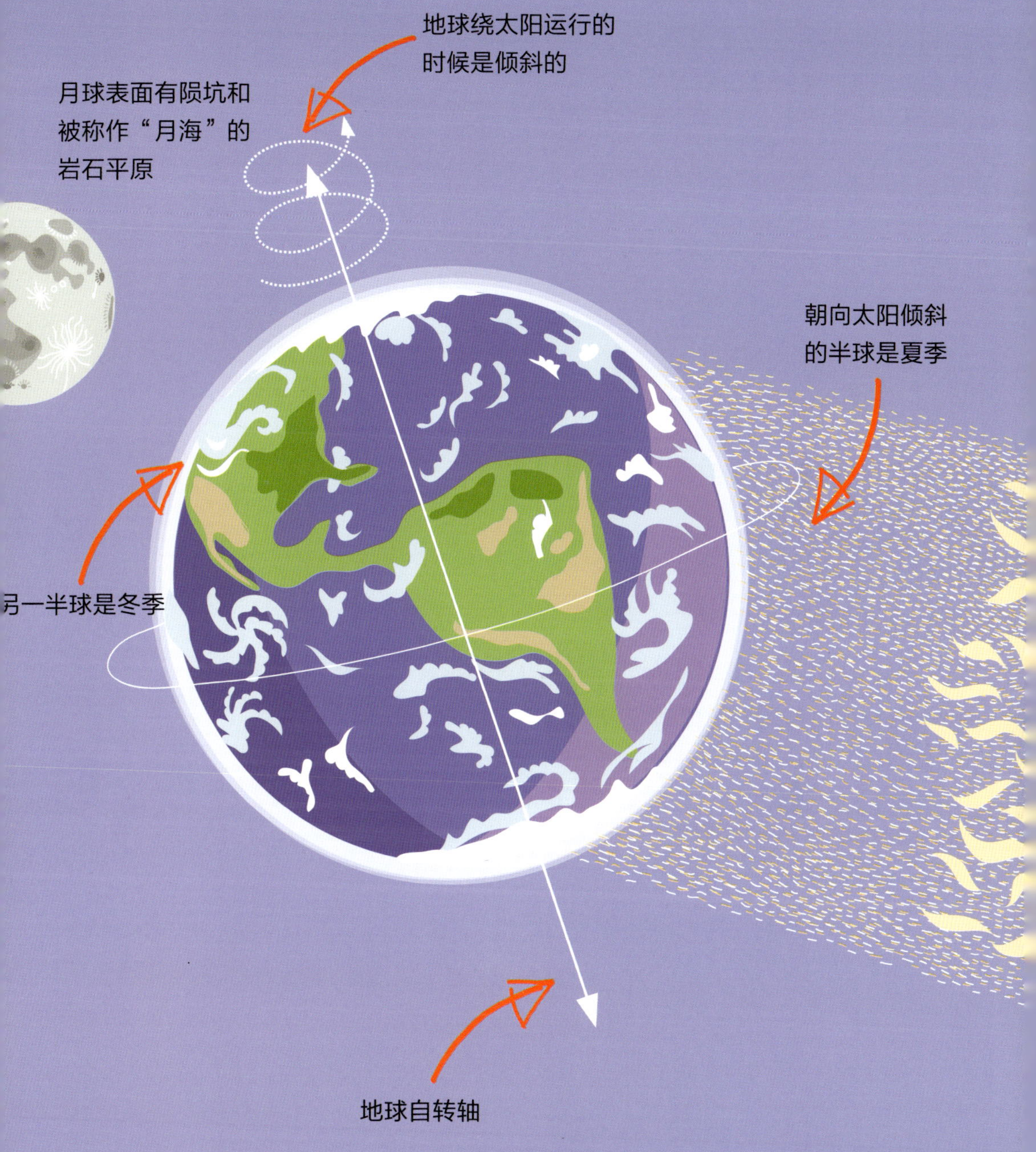
地球绕太阳运行的
时候是倾斜的
月球表面有陨坑和
被称作“月海”的
岩石平原
朝向太阳倾斜
的半球是夏季
另一半球是冬季
地球自转轴

火星

30秒大揭秘

火星是太阳系第二小的行星，它只有地球一半大。火星表面没有液态水海洋，所以陆地面积跟地球差不多。火星的大部分地方看起来就像一个多岩多尘、布满陨坑和平原的沙漠。

然而，火星上有太阳系最壮观的表面特征：一个名为“水手谷”（Valles Marineris）的巨型峡谷系统、一座巨型火山和一个巨型陨坑。

与这些巨型表面特征相比，火星的两个卫星太不起眼了。火卫一（Phobos）和火卫二（Deimos）都不是球形的，而是形似两个大土豆。火卫一体积较大，平均直径为27千米。

科学家利用望远镜和太空探测器发现了火星的各种特征：火星大气层很稀薄，而且95%以上都是二氧化碳；火星有极地冰盖，主要由冰冻二氧化碳构成，科学家还在火星上发现了水冰。

3秒钟总结

火星是我们的近邻，它的表面有沙漠、冰、火山和陨坑。

3分钟任务

火星之旅

一项载人火星任务，算上往返以及有意义的停留，可能需要三年甚至更长的时间。对于太空探索者来说，这样的任务会是什么样子呢？

在这样漫长的旅途中，你会遇到哪些挑战呢？请尝试列出来，再列出五件你会携带的个人物品。要记住，在航天器里，大部分空间都会堆满旅行所需的供给品。

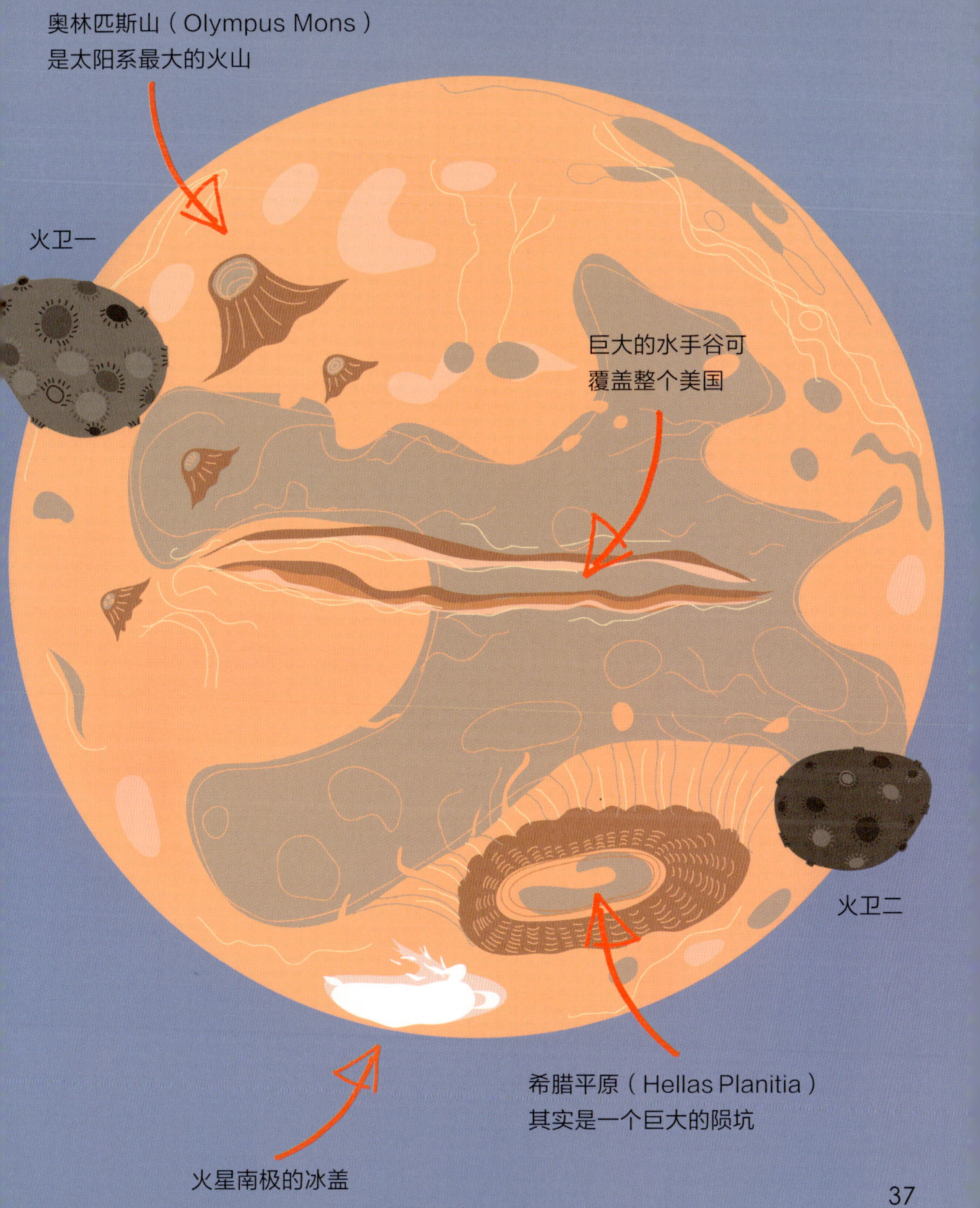
奥林匹斯山（Olympus Mons）
是太阳系最大的火山
火卫一
巨大的水手谷可
覆盖整个美国
火卫二
希腊平原（Hellas Planitia）
其实是一个巨大的陨坑
火星南极的冰盖

小行星和矮行星

30秒大揭秘

小行星是岩石块、金属块或前两者的混合块，它们围绕太阳运行。小行星带位于火星和木星之间，形似一个巨大的多纳圈，科学家在里面发现了许多小行星，其中直径超过1千米的小行星据说有100多万个。

人们认为，小行星是太阳系形成过程中遗留下来的物质，也就是一块块没能变成行星的物质。

我们在太阳系的其他地方也发现了小行星。在木星绕太阳运行的轨道上发现的小行星，我们称之为木星特洛伊小行星群。在火星绕太阳运行的轨道以内发现的小行星被称为近地小行星。

在1930年，当美国天文学家克莱德·汤博（Clyde Tombaugh）发现冥王星时，人们把它划为了太阳系的第九颗行星。在2006年，科学家将冥王星重新划为了矮行星。矮行星近似球形，绕着太阳运行，但其大小不足以将所有其他物质从其公转轨道上清扫出去。

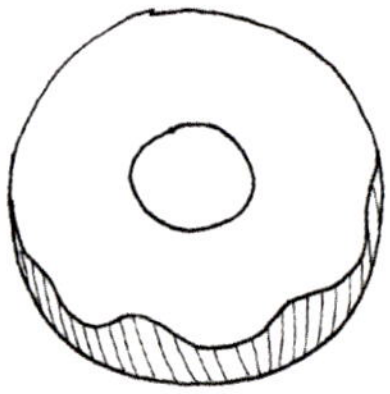

3秒钟总结

小行星是大块的岩石和金属。矮行星太小，不能算作行星。

3分钟任务

查阅太空探测器任务

在2015年，“黎明号”（Dawn）和“新地平线号”（New Horizon）两个太空探测器访问了两颗矮行星。你可以访问美国国家航空航天局（NASA）的太空探测器网页（http://solarsystem.nasa.gov/missions），使用下拉菜单查阅美国国家航空航天局过去、现在和未来的太空探测器任务。

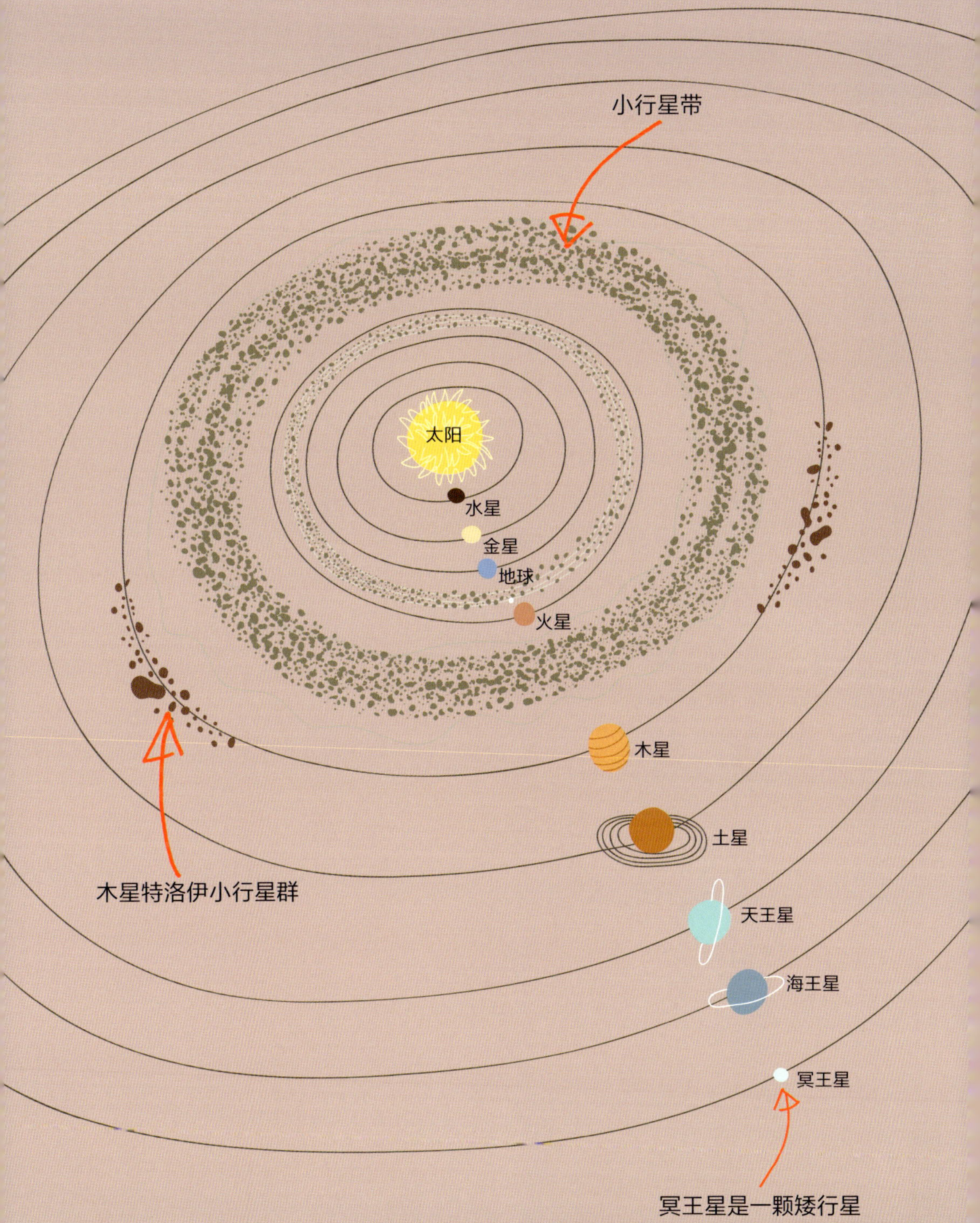
小行星带
太阳
水星
金星
地球
火星
木星
土星
木星特洛伊小行星群
天王星
海王星
冥王星
冥王星是一颗矮行星

外太阳系

越过火星和小行星带，就是外太阳系了。这片广阔的空间里有四颗气巨星——木星（Jupiter）、土星（Saturn）、天王星（Uranus）、海王星（Neptune），还有它们的多颗卫星。这里也发现了很多彗星。海王星之外有许许多多小天体，包括柯伊伯带天体和矮行星，比如冥王星、妊神星（Haumea）和阋神星（Eris）。这片空间远离太阳，十分寒冷。

木星

30秒大揭秘

毫无疑问，木星是一颗巨星。它的赤道直径约为143 000千米，是太阳系最大的行星，太阳系其他所有行星加在一起的总质量仅为木星质量的40%。

由于体积巨大，木星以大约43 000千米/时的速度飞快自转。

木星是一颗气巨星，主要成分是氢和氦。许多科学家认为在气体中央有一个小的岩石核心，气体在接近这个核心时会被液化。

整个木星大气层风起云涌，风暴不断，其中“大红斑”（Great Red Spot）最为狂暴。这是一场风速高达500千米/时的风暴，我们已经观测它300多年了。它的范围时大时小，目前约为20 000千米，比地球大12 000千米。

木星的超强引力使60多个卫星绕着它运行。

3分钟任务

星际称重

重量衡量物体所受引力的大小。要想知道你在另一颗行星上的重量，你首先要称一下你在地球上的重量，然后用这个重量乘以该行星与地球的引力之比，具体如下：

水星	0.38	金星	0.91
火星	0.38	木星	2.54
土星	1.08	天王星	0.91
海王星	1.19	冥王星	0.06

3秒钟总结

超级巨大的木星大部分由气体构成。

木星主要由气体构成
木星环没有土星环
那么瞩目
木卫四
（Callisto）
木卫二
（Europa）
木卫一
（Io）
“大红斑”是一场
铺天盖地的剧烈风暴
木卫三
（Ganymede）
木星最大的卫星依次
为木卫一、木卫二、
木卫三和木卫四
木星的直径大约
是地球的11倍
地球

土星

30秒大揭秘

土星是太阳系第二大行星，你可以把760多个地球塞进土星里面。它的主要成分是氢和氦——宇宙中最轻的两种元素。

土星是密度最小的太阳系行星，它的密度只有水的70%左右。如果装得下，土星能浮在你家装满水的浴缸里。

木星、天王星和海王星也都有环，但土星环最大、最壮观。科学家利用太空探测器和科学仪器发现，土星环由几十亿个小岩石、小冰块和尘埃颗粒组成，它们被土星引力固定在土星环上。

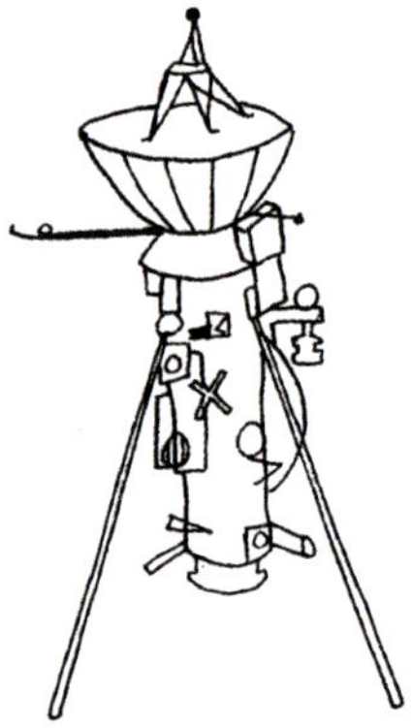

3分钟任务

走出一个太阳系

你需要一块较大的场地和9个球。先放一个球，代表太阳。量出0.45米长的步幅，然后按照下面的指南计算出从代表太阳的那个球到每颗行星的所在位置，你需要走多少步。请从“太阳”出发一路走到土星吧。如果还有富余的地方，你可以继续走到天王星和海王星。

水星	2.74米	金星	5.03米	地球	6.86米
火星	10.52米	木星	36.66米	土星	65.38米
天王星	131.22米	海王星	205.74米		

3秒钟总结

土星很大，但却很轻，可以浮在水面上。

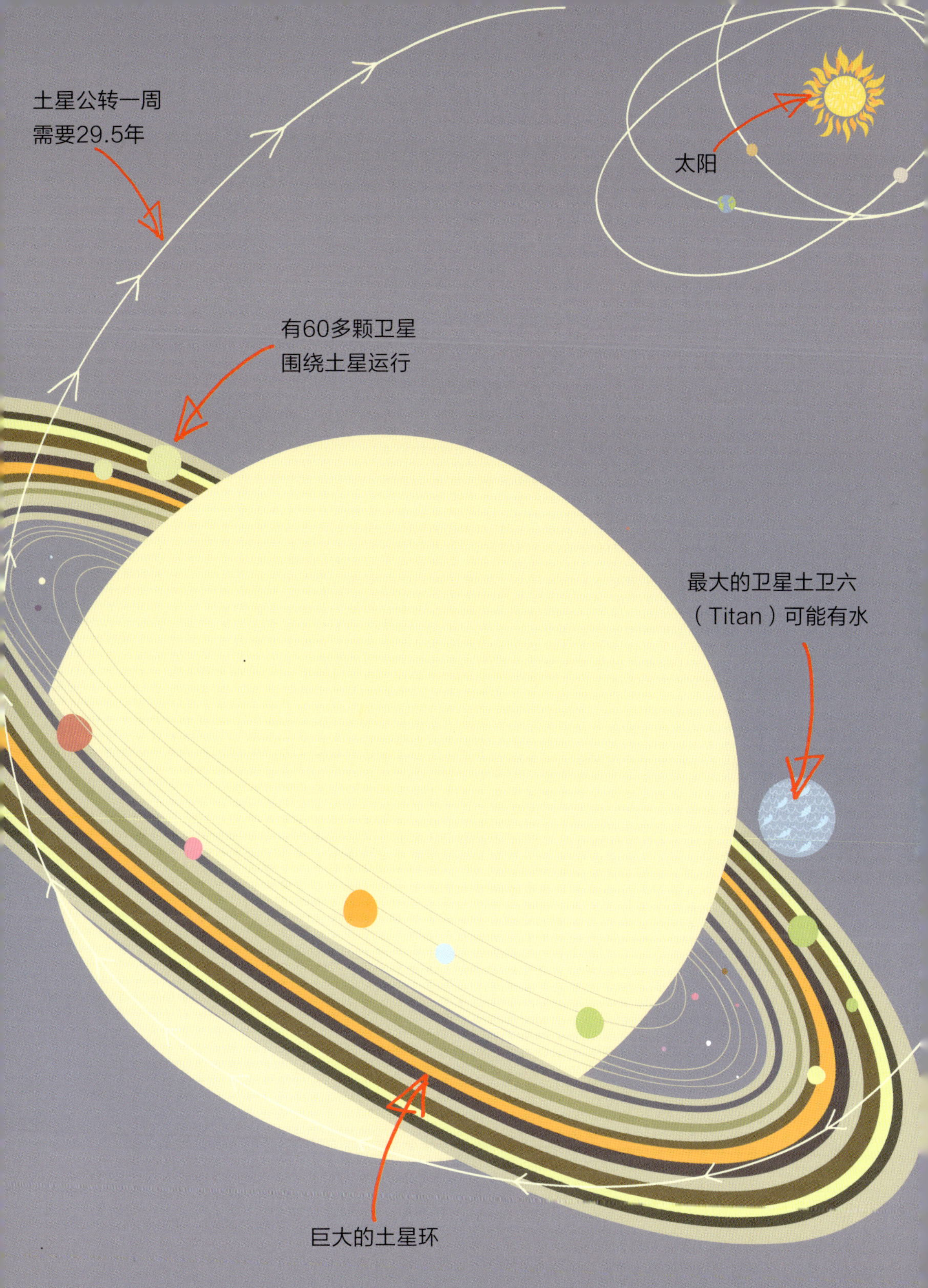
土星公转一周
需要29.5年
太阳
有60多颗卫星
围绕土星运行
最大的卫星土卫六
（Titan）可能有水
巨大的土星环

天王星和海王星

30秒大揭秘

海王星离太阳实在太远了，太阳光需要走4个多小时才能到达海王星，而从太阳到地球，光只需要走8分钟。天王星和海王星只能接收到很少一部分太阳的能量，所以异常寒冷，它们云层表面的温度可以降到零下210摄氏度以下。真冷啊！

海王星上刮着太阳系最猛烈的风，掀起的风暴肆虐整个星球。风速有时高达1 500千米/时，比地球上的喷气式客机还要快。

天王星绕太阳运行一周需要84.2年，海王星还要再多花80年才能完成一次公转。如果你生活在海王星上，你得活上164个地球年才有机会庆祝第一个生日。

天王星是倾斜的，转轴倾角为97.86度。天王星的两极各自经历持续42年的夏季和冬季。等天王星完成一半公转、它的另一面朝向太阳的时候，两极的季节就会颠倒过来。

小知识

多颗卫星

天王星和海王星都有多颗卫星。近年来，望远镜得到了改进，太空探测器也曾访问这两颗行星，因此我们有了更多的新发现。

根据最新统计，天王星有27颗卫星。海王星有13颗卫星，其中包括海卫一（Triton），它是太阳系最寒冷的卫星，表面由冰氮、冰冻二氧化碳和水冰构成。

3秒钟总结

天王星和海王星极其寒冷，拥有多颗卫星。

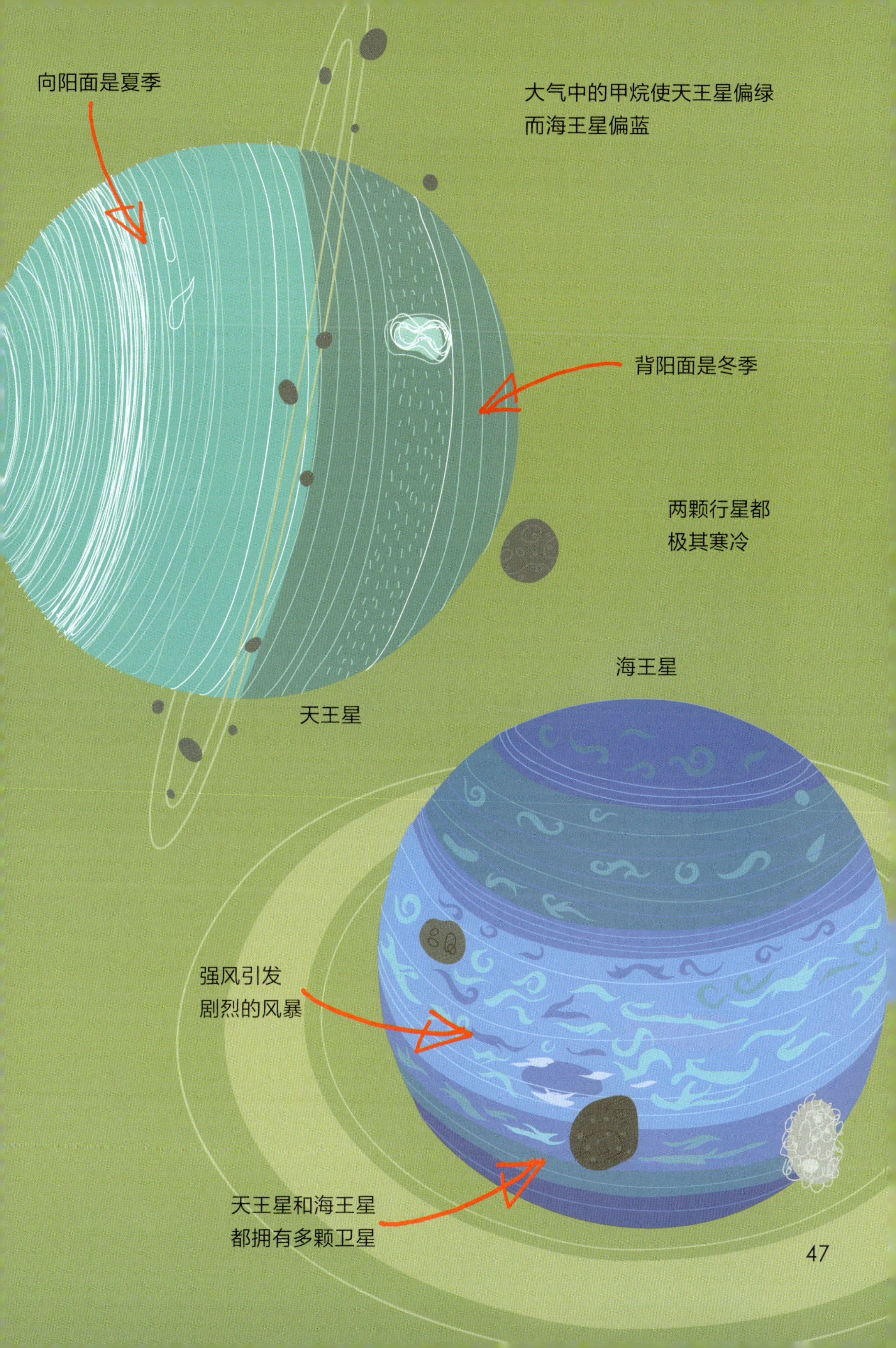
向阳面是夏季
大气中的甲烷使天王星偏绿
而海王星偏蓝
背阳面是冬季
两颗行星都
极其寒冷
海王星
天王星
强风引发
剧烈的风暴
天王星和海王星
都拥有多颗卫星

彗星

30秒大揭秘

你可以把彗星想象成穿越太空的一个个脏雪球！彗星由冰和岩石颗粒组成，有一个固体核心。彗星有大有小，直径从几百米到40千米不等。它们绕着太阳运行，而这差不多就是它们一生的全部意义。

彗星大多位于太阳系最偏远的地方。从海王星向外再延伸25个天文单位（也就是日地距离的25倍），这片空间被称作柯伊伯带（Kuiper Belt）。从柯伊伯带再向外很远很远的地方可能就是奥尔特云（Oort Cloud），它距离太阳约5万个天文单位。

恒星经过彗星时，彗星可能会偏离轨道，更加接近太阳。当彗星距离太阳近到6个天文单位的时候，太阳的能量会将彗核的一部分冰汽化，产生一团比彗核大1 000倍的巨云，将彗核包围起来。我们把这团巨云称作“彗发”。

3秒钟总结

彗星是由冰和尘埃组成的雪球，围绕着太阳急速飞驰。

彗尾

彗核的一部分汽化成气体，同时尘埃也被拽离彗核。气体和尘埃共同形成一条（或者两条）永远背向太阳的长尾。

1996年发现的百武彗星（Comet Hyakutake），其彗尾的长度超过5.5亿千米，是日地距离的3倍还要多。

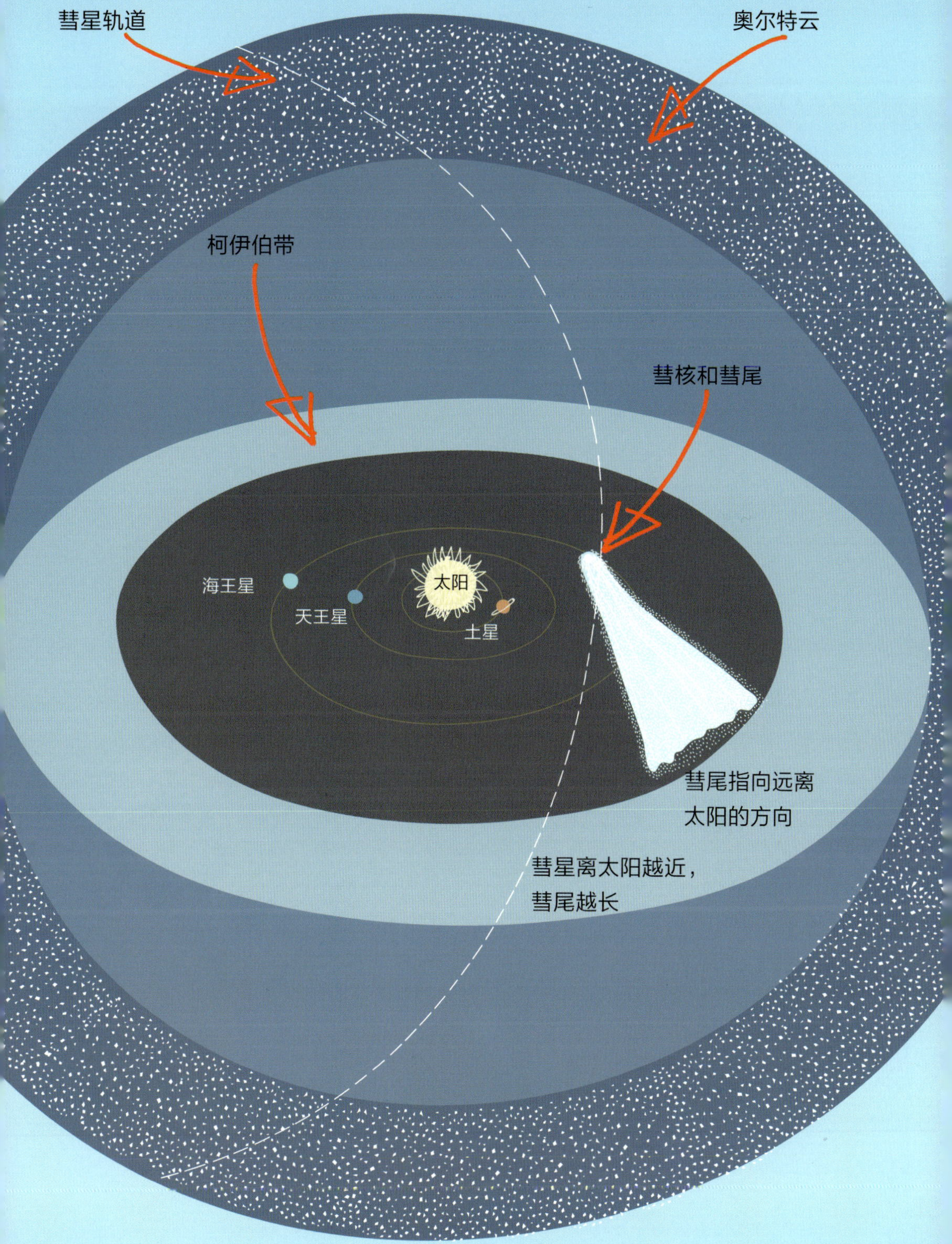
彗星轨道
奥尔特云
柯伊伯带
彗核和彗尾
海王星
天王星
太阳
土星
彗尾指向远离
太阳的方向
彗星离太阳越近，
彗尾越长

太空里还有什么？

太阳系之外还有不计其数的恒星，它们组成许多巨大的恒星群，我们称之为星系。人们认为，有些星系包含数以亿计的恒星、行星以及其他神秘的天体，比如连光都无法逃逸的黑洞。关于地球是否是宇宙中唯一有生命生息繁衍的地方，人们一直争论不休。宇宙里有没有外星生命呢？

银河系

30秒大揭秘

地球所在的星系是银河系。它是一个螺旋星系，宽100 000 ~ 120 000光年，厚约1 000光年。

为了让你对银河系的大小有个概念，让我们换个说法：如果把银河系缩成一个长100米的足球场，那么整个太阳系就是一颗直径2毫米的小沙粒。

就像各大行星绕着太阳运行一样，太阳系也绕着银河系的中心运行，转一周需要2.25亿 ~ 2.3亿年的时间。

银河系是一个星系群（星系集合）的一部分，我们把这个星系群称作“本星系群”，它包括仙女星系、三角星系（Triangulam）、大犬矮星系（Canis Major Dwarf）以及另外40个星系，其中有一些最近才被发现。本星系群的直径约为1 000万光年。

3秒钟总结

太阳只是银河系2 000亿颗恒星中的一颗而已。

3分钟任务

数星星

让我们假设银河系有2 000亿颗恒星——没错！如果你数一颗星星需要一秒钟，那么你得花多少年才能数完呢？下面有两个提示：

1. 用计算器算出你一天能数多少颗星星。
2. 用第1步的结果乘以365.25（考虑到每4年出现一次的闰年）。

（答案在78页）

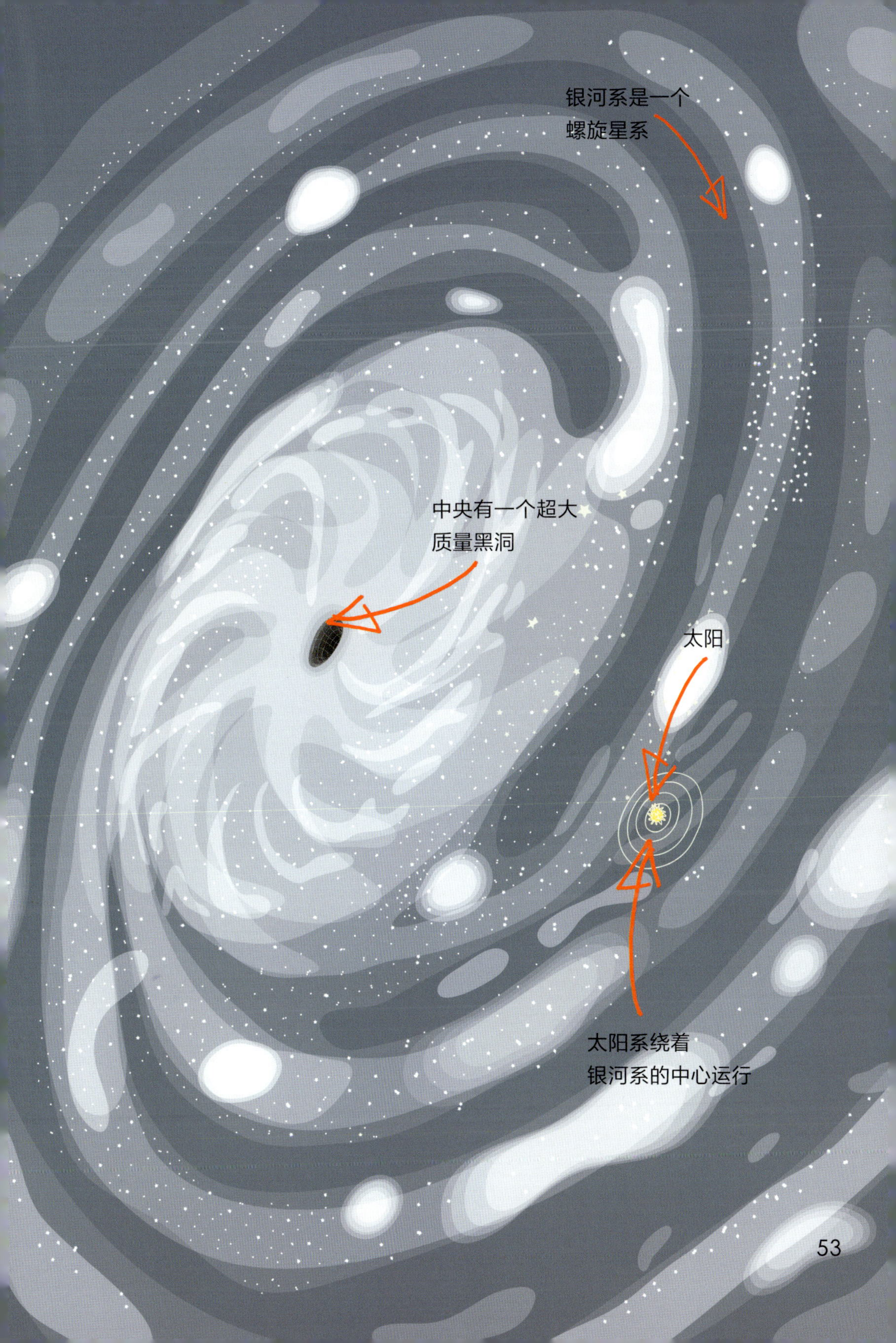
银河系是一个
螺旋星系
中央有一个超大
质量黑洞
太阳
太阳系绕着
银河系的中心运行

星系

30秒大揭秘

宇宙里有许多星系，每个星系都是大量气体、尘埃、恒星和行星的集合。大多数星系距离我们非常遥远，所以我们不可能从地球上看到它们。

银河系最近的邻居之一是仙女星系，它可能宽220 000光年，其中包含多达8 000亿颗恒星。

仙女星系以超过140千米/秒的速度向着银河系飞快地运动，但你可别因为这个睡不着觉。即使以这样快的速度运动，两个星系也要在30多亿年以后才会相遇。

天文学家根据星系的大致形状将它们划分为不同的类型。银河系和仙女星系都是螺旋星系，另外还有椭圆形和圆形的星系。

透镜状星系呈扁平的圆盘形，通常有一个中央凸起。无明显形状的星系被称作不规则星系，它们可能是被其他星系的引力拖拽变形的。

3分钟任务

星系的形状

请访问美国国家航空航天局的图片网站，看看那些遥远星系的绝美图像。

1. 请找到仙女星系、旋涡星系（Whirlpool galaxy）和银河系以外的两个螺旋星系。

2. M87星系属于不规则星系、椭圆星系还是透镜状星系呢？

3. 阔边帽星系（Sombrero galaxy，又称M104星系）属于不规则星系、螺旋星系还是椭圆星系呢？

3秒钟总结

星系是由气体、尘埃、恒星和行星组成的巨大集合。

圆形星系
螺旋星系
透镜状星系
不规则星系

黑洞

30秒大揭秘

没人见过黑洞。它是空间中的一个点，引力大到超乎人们的想象，能把物质、气体、光和其他一切都吸进去。巨大的质量聚集在极小的空间里，这就是黑洞具有超强引力的原因。据我们所知，任何东西都无法从黑洞中逃逸。

黑洞周围有一个区域，光到了那里就无法逃逸，这个区域的边缘被称作“事件视界”。在事件视界之内，任何能量或物质都无法逃脱黑洞的魔爪。

科学家认为黑洞分为不同的类型。超大质量黑洞出现在星系的中央。还有恒星型黑洞：超新星爆发后留下一个密度极高的巨核，巨核引力不断增大，导致自身不断坍缩，最终形成一个黑洞。

3秒钟总结

黑洞吞噬所有的东西，甚至是光。

小知识

怎样才能看到黑洞?

如果从来没有光从黑洞中逃逸，那我们怎么能看到黑洞呢？问得好！

天文学家通过观测黑洞对其他天体的影响来寻找黑洞。例如，我们可以观测到恒星型黑洞附近的恒星气体和尘埃被吸了进去。我们通过这种方法发现了一些黑洞。

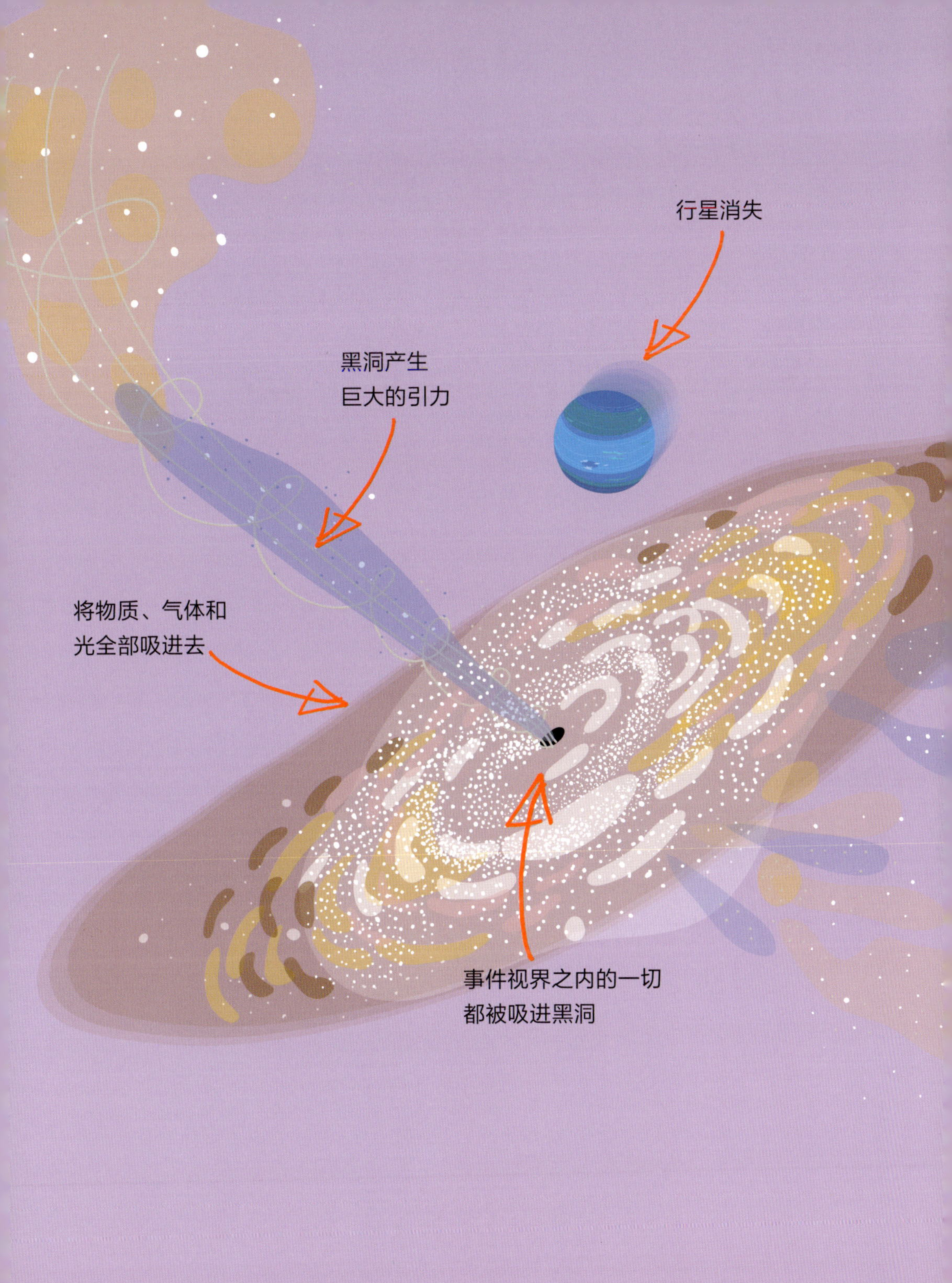
行星消失
黑洞产生
巨大的引力
将物质、气体和
光全部吸进去
事件视界之内的一切
都被吸进黑洞

外星人存在吗？

30秒大揭秘

宇宙中存在地外生命吗？没人知道。天文学家在太阳系以及更远的地方四处搜寻，却没有发现任何外星人的踪影。然而，构成地球生命的化学元素在宇宙中随处可见。

在浩瀚的宇宙中，生命怎么可能只出现在一个星系的一颗小小的行星上呢？

单就宇宙的规模而言，寻找外星人是极其困难的。然而，一些机构通过搜寻射电望远镜信号来寻找智慧生命的迹象。人们还试图向外星人宣告我们的存在。例如，我们已经把携带地球和人类关键事实的无线电信号发射到了太空中。

最近发现的系外行星令一些外星人搜寻者感到十分振奋。系外行星是围绕太阳以外的其他恒星运行的行星。到目前为止，我们已经发现700多颗系外行星[1]。会不会有哪一颗具有适合生命形成的条件呢？

3秒钟总结

我们还没找到外星人，起码到目前为止还没找到。

3分钟任务

接触外星人

想象你正在设计一个图像，这个图像将被发射到宇宙中，用来与外星生命体接触。你会在这个图像中放入哪些信息呢？你怎么展示这些信息呢？

外星人可不懂汉语。想一想有哪些符号和图像能向他们展示人类、地球及我们在宇宙中的位置。

1　事实上，截至2019年4月1日，已被证实的系外行星数量是4 023颗。

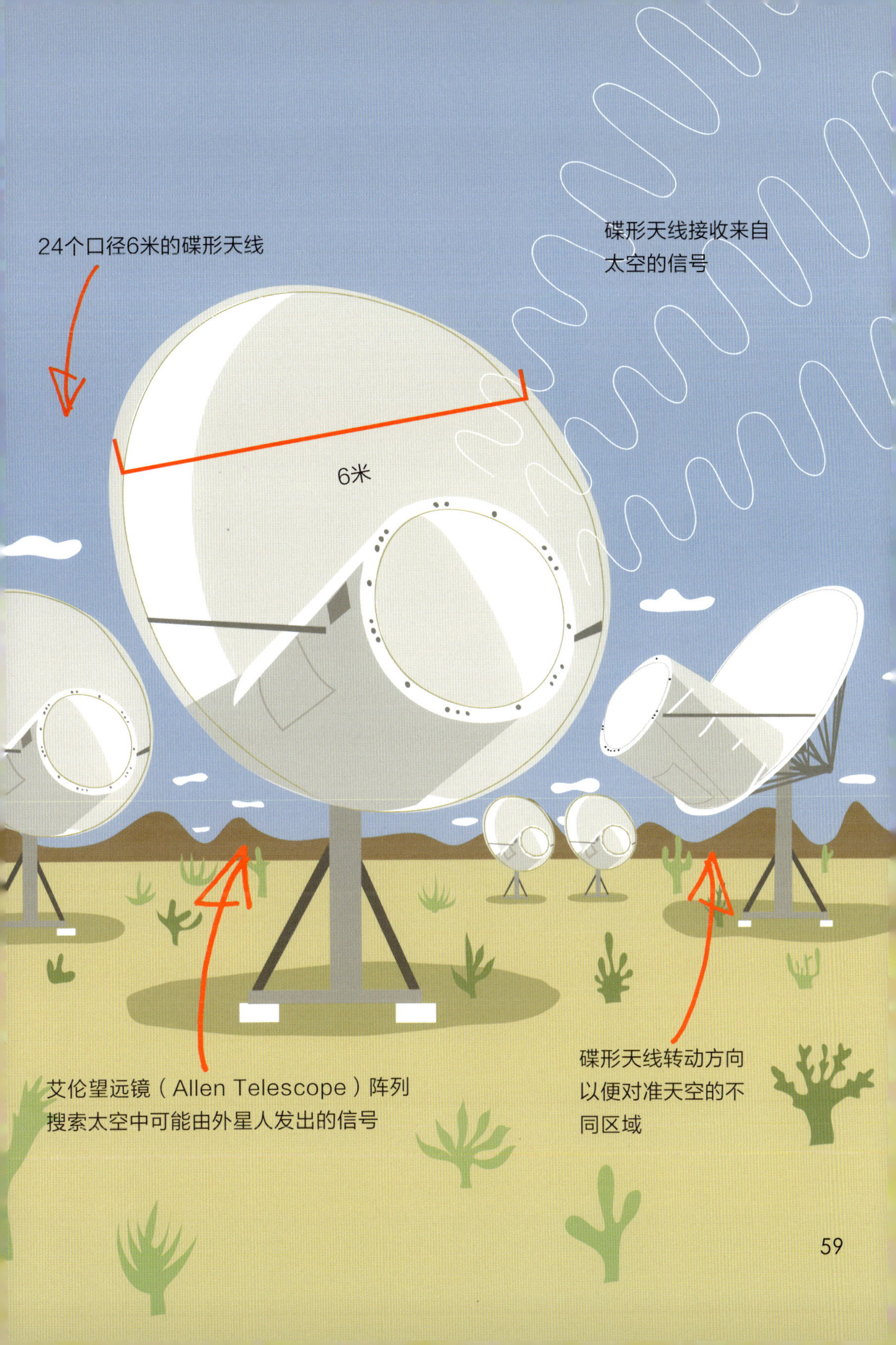
24个口径6米的碟形天线
碟形天线接收来自
太空的信号
6米
艾伦望远镜（Allen Telescope）阵列
搜索太空中可能由外星人发出的信号
碟形天线转动方向
以便对准天空的不
同区域

探索宇宙

在发明望远镜之前，科学家几乎无从了解恒星和行星。从16世纪开始，科学家使用望远镜详细地观察这些天体。20世纪的科技进步让我们首次把人类、探测器和科学仪器送进太空。现在，望远镜和探测器能够把太阳系行星和卫星的惊人细节发回地球。

光学望远镜

30秒大揭秘

光学望远镜把来自太空的光线通过孔径收集起来。人类发明的第一台望远镜是折射式望远镜，其收集光线的能力远远超过人眼。光线穿过一面凸透镜（边缘比中心薄的透镜），发生弯曲，从而汇集在一起，聚焦在望远镜内的一个点上。之后，第二个透镜将聚焦图像分散投射到你的眼睛，这样图像就会被放大。

科学家发现，用更大的孔径和透镜可以把物体放大得更多，但大透镜真的很重，很难制造，而且还会在透镜边缘形成有色区域。反射式望远镜是一种新型望远镜，它利用光滑的曲面镜来收集和聚焦光线。这种望远镜的体积可能相当巨大。

位于夏威夷的凯克（Keck）1号和2号望远镜各有一套由36个独立部分组成的镜面，组合直径为10米。它们具有超凡的能力，能够让人们看到数百万光年以外的天体。科学家利用凯克望远镜发现了许多绕着遥远恒星运行的系外行星。

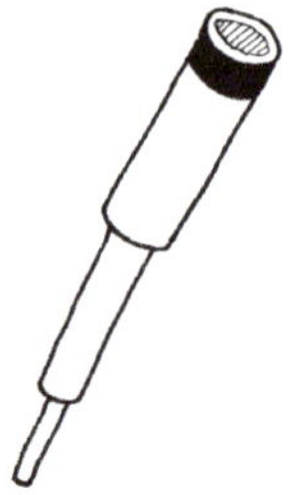

3秒钟总结

光学望远镜可以放大太空中的遥远天体。

3分钟任务

制作一台望远镜

让我们制作一个简易的望远镜。先找两块塑料放大镜，其中一个要比另一个大一些。两手各举一块并且让两块放大镜连成一线，注意大镜在前，小镜在后。

将这组放大镜对准一个物体（黄昏或夜晚的路灯是理想的观察对象），然后透过放大镜观察。调整两个放大镜之间的距离，直到你的观察对象变得清晰为止。

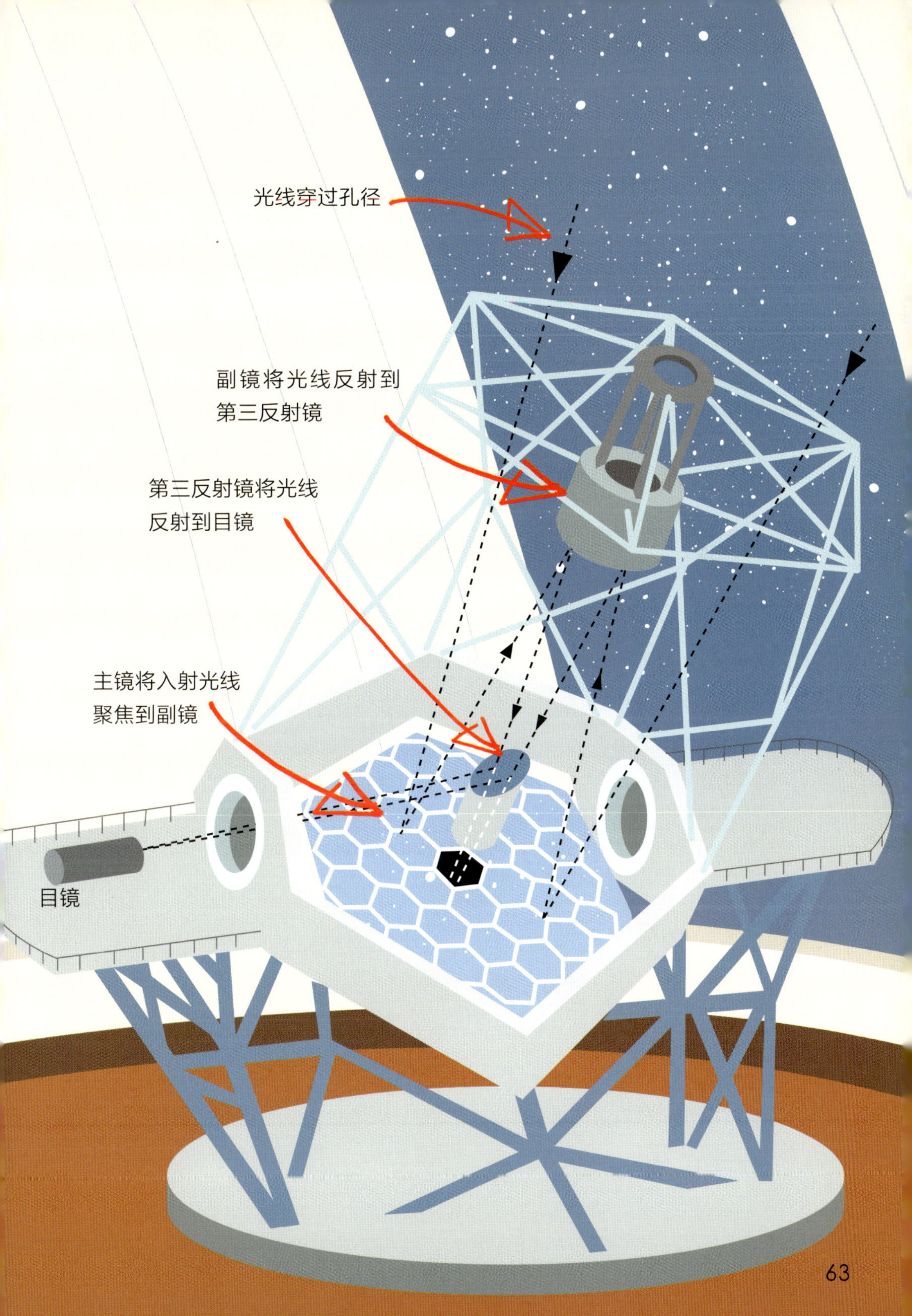
光线穿过孔径
副镜将光线反射到
第三反射镜
第三反射镜将光线
反射到目镜
主镜将入射光线
聚焦到副镜
目镜

射电望远镜

30秒大揭秘

20世纪30年代初，美国无线电工程师卡尔·詹斯基（Karl Jansky）发现了来自银河系的无线电信号。人们现在认为，这些听起来像静电或噪音的信号来自人马座A（Sagittarius A）的一个黑洞。其他无线电波是由太空中的气体、脉冲星（旋转的中子星）和一些超新星残骸发出的。

天文学家研究从这些来源发出的无线电波，进而了解天体的结构、运动以及成分。

射电天文学很有用处，因为它不受太阳光、云或雨的影响。无线电波能够穿越尘埃，可以用来研究太空中炽热、多尘的星云。许多射电望远镜都有连接在一起的碟形天线阵列。

3秒钟总结

射电望远镜收集太空中天体发出的无线电波。

小知识

巨碟

有些射电望远镜是由一个个“巨碟”组成的。波多黎各的阿雷西博（Arecibo）望远镜有一个碟形天线的直径居然达到了305米。

在2016年，中国建造了“中国天眼”[1]，它的天线口径为500米，主反射面的面积比25个足球场还要大！灵敏度是阿雷西博望远镜的3倍。

1　中国天眼，即500米口径球面射电望远镜，简称FAST。

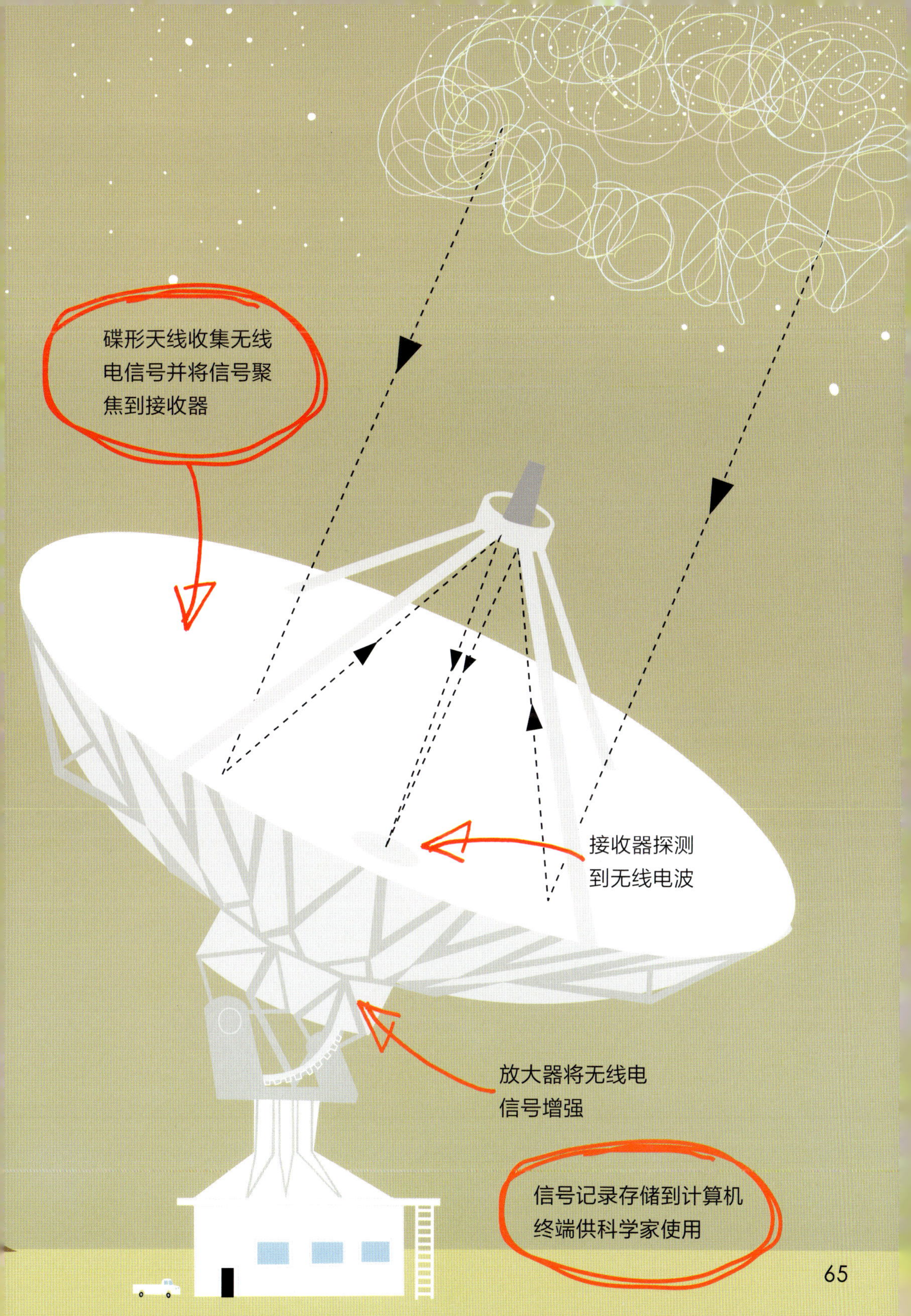
碟形天线收集无线
电信号并将信号聚
焦到接收器
接收器探测
到无线电波
放大器将无线电
信号增强
信号记录存储到计算机
终端供科学家使用

空间望远镜

30秒大揭秘

如果在地球上使用光学望远镜观测太空，你必须得透过地球大气层，而大气层会吸收部分波长的光并且将光线散射。空间望远镜能够生成宇宙遥远区域的清晰图像。地基望远镜只能在夜间使用，而空间望远镜可以不分白天黑夜地连续工作。

哈勃空间望远镜（Hubble Space Telescope，HST）于1990年发射，已经拍摄了70多万张太空图像，并将这些图像传回地球。在1994年，它跟踪了一颗撞向木星的彗星。

“哈勃”向我们展示了前所未见的太空景象。我们借助它发现了超大质量黑洞，并且首次拍摄到了系外行星。

有一张最著名的“哈勃”照片称为“哈勃超级深场”（Hubble Ultra Deep Field，HUDF），由2003年和2004年收集的数据生成。它显示了10 000多个星系，其中一些甚至可以追溯到130亿年前，那时宇宙诞生还不到10亿年。

3秒钟总结

空间望远镜跨越时空向我们展示清晰的宇宙图景。

小知识

宇宙“快”照

从遥远的恒星和星系到地球，光要走上几百万年，甚至几十亿年。

这意味着那些遥远天体的图像显示的都是历史，也就是几百万年或几十亿年前天体的样子。

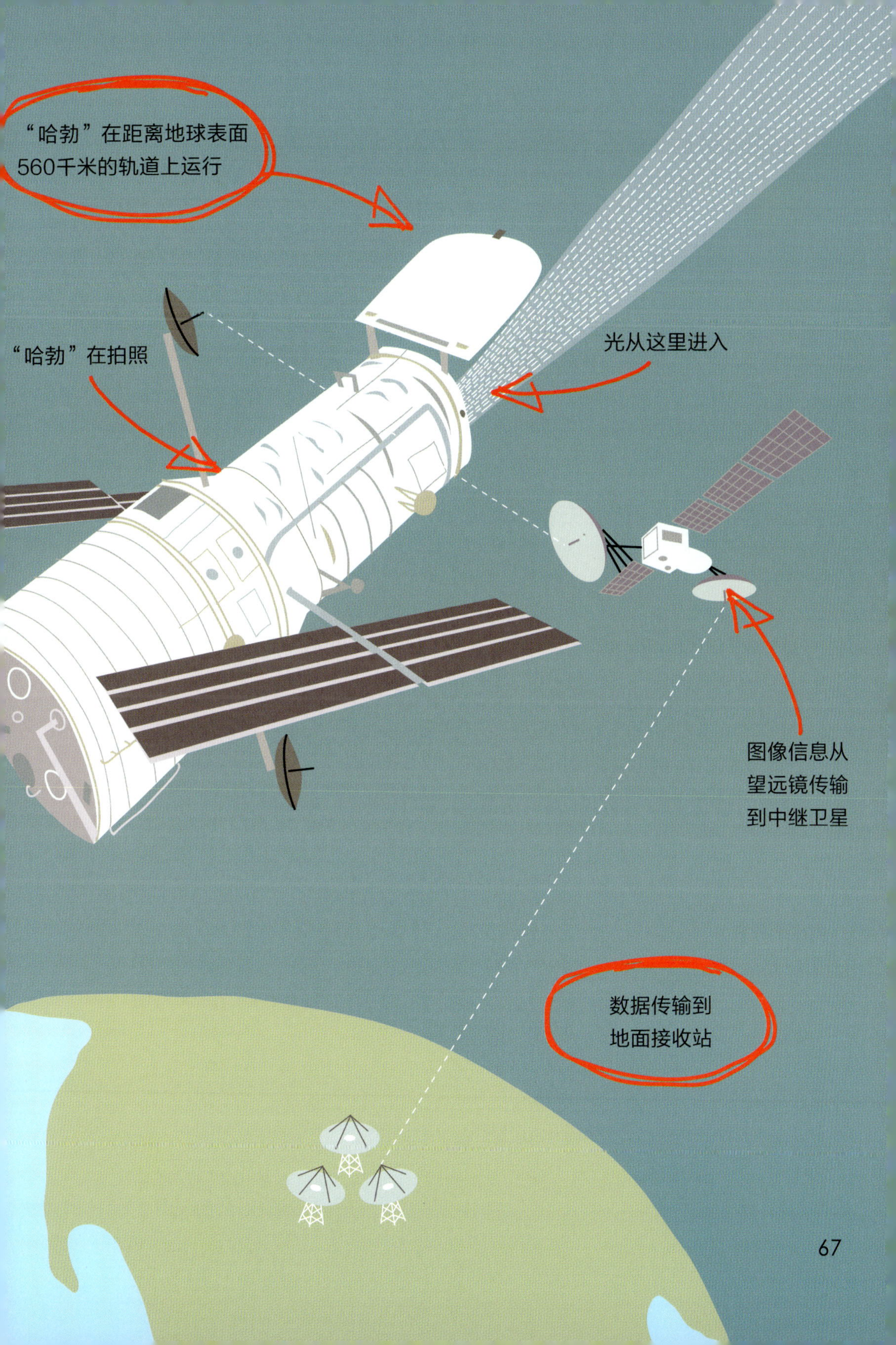
“哈勃”在距离地球表面
560千米的轨道上运行
“哈勃”在拍照
光从这里进入
图像信息从
望远镜传输
到中继卫星
数据传输到
地面接收站

火箭科学

30秒大揭秘

航天器需要依靠巨大的力量才能拔地而起，克服地球引力，发射到太空中。火箭是航天器的运载工具。

太空里可没有氧气供我们当燃料使用，所以火箭发动机需要自带燃料和氧化剂（产生氧气的化学物质）。燃料和氧化剂混合在一起，在大型燃烧室中燃烧，产生大量的气体。这些膨胀的气体从发动机的喷嘴向下高速喷出，使运载火箭向相反方向运动。

有些运载火箭使用助推火箭。它们在发射时点火，一旦燃料耗尽，就会立即脱落，从而减轻火箭的重量。运载火箭还有两级的和三级的，每级都有自己的火箭发动机（单发或多发），燃料耗尽就会脱落。

3分钟任务

发射火箭

1. 给一个长条形的气球充气，然后把充气口折起来，用晒衣夹夹住。
2. 将一根长线穿过一根吸管，然后把吸管竖着粘在气球侧面。
3. 把靠近晒衣夹那端的线头粘到地板上，请朋友把另一端的线头尽量举高。把气球推下去，然后松开衣夹。
4. 发射！

3秒钟总结

火箭发动机为运载工具提供动力，将运载工具送入太空。

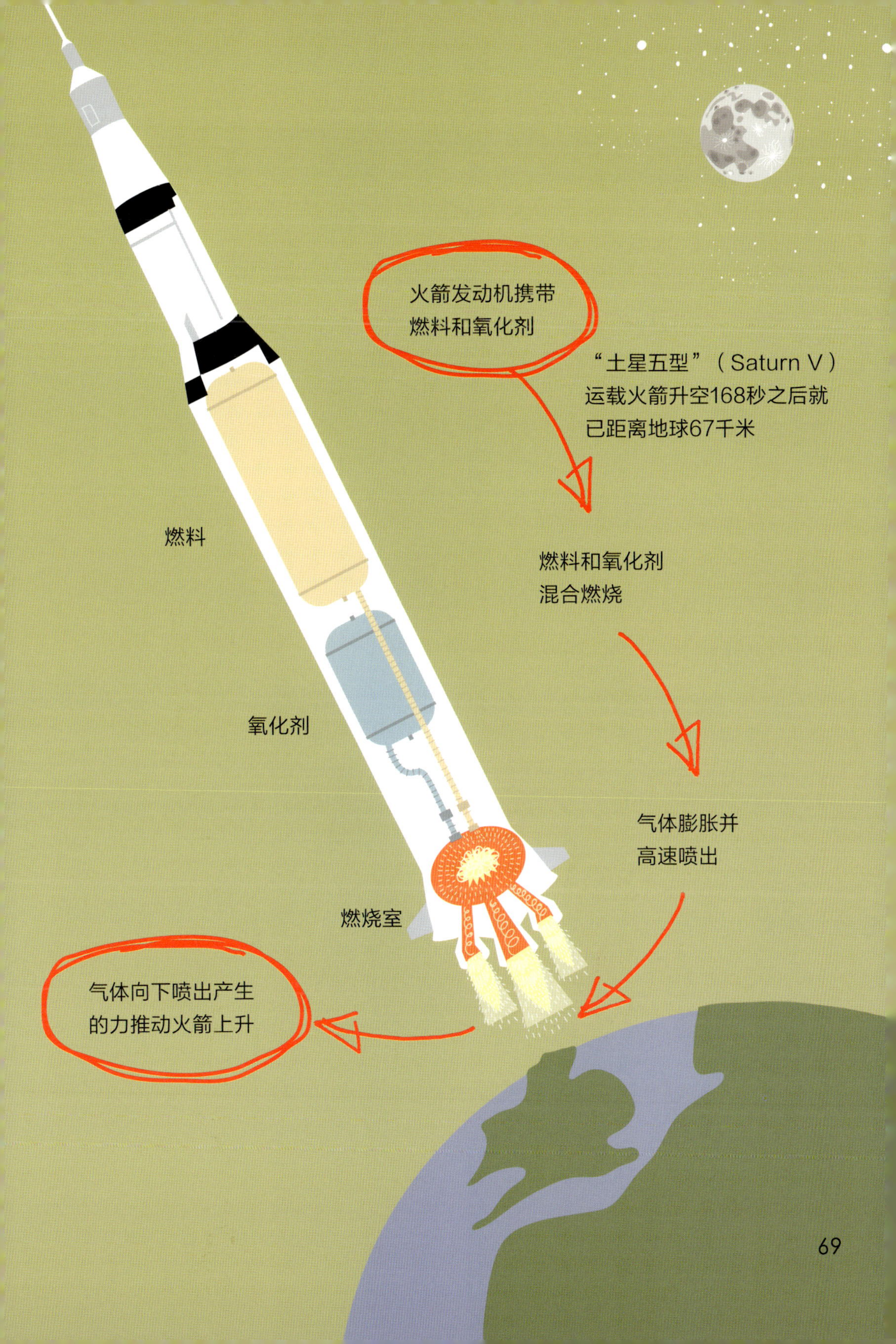
火箭发动机携带
燃料和氧化剂
“土星五型”（Saturn V）
运载火箭升空168秒之后就
已距离地球67千米
燃料
燃料和氧化剂
混合燃烧
氧化剂
气体膨胀并
高速喷出
燃烧室
气体向下喷出产生
的力推动火箭上升

太空探测器

30秒大揭秘

有些探测器围绕行星或者行星的卫星运行，或者在它们的表面着陆，还有一些探测器飞掠小行星或彗星。这些探测器上面的科学仪器收集重要的信息，并通过以光速传播的无线电波将信息传回地球。

太空探测器执行的大多是单向任务，也就是有去无回。无人探测器可以访问环境恶劣的天体并把数据发回地球，直到探测器毁掉。

也有返回地球的探测器，比如1999年发射的“星尘号”（Stardust）探测器，它的一部分在2006年返回，把“狂野2号”（Wild 2）彗星的彗尾尘埃样本带了回来。

“机遇号”火星车（Mars Exploration Rover B，MER-B）取得了非凡的成就。它在2004年1月登陆火星，原本应该工作90个火星日就寿终正寝。然而，这台六轮太阳能火星漫游车的实际服役时间超出原计划30倍还多！[1]

3秒钟总结

太空探测器探索太阳系。

3分钟任务

太空探测器小测验

“卡西尼号”（Cassini）的任务是向土星发射太空探测器。请上网搜索以下问题的答案：

1. “惠更斯号”（Huygens）探测器登陆了土星的一颗卫星，是哪颗呢？

2. “卡西尼号”轨道飞行器的运载火箭有多重（请注意它还搭载了“惠更斯号”探测器和燃料）？

3. “卡西尼号”从发射起需要多少天到达土星？注意不要忘了闰年！

（答案在78页）

1　2019年2月14日，美国国家航空航天局宣布，“机遇号”火星探测器任务正式结束。

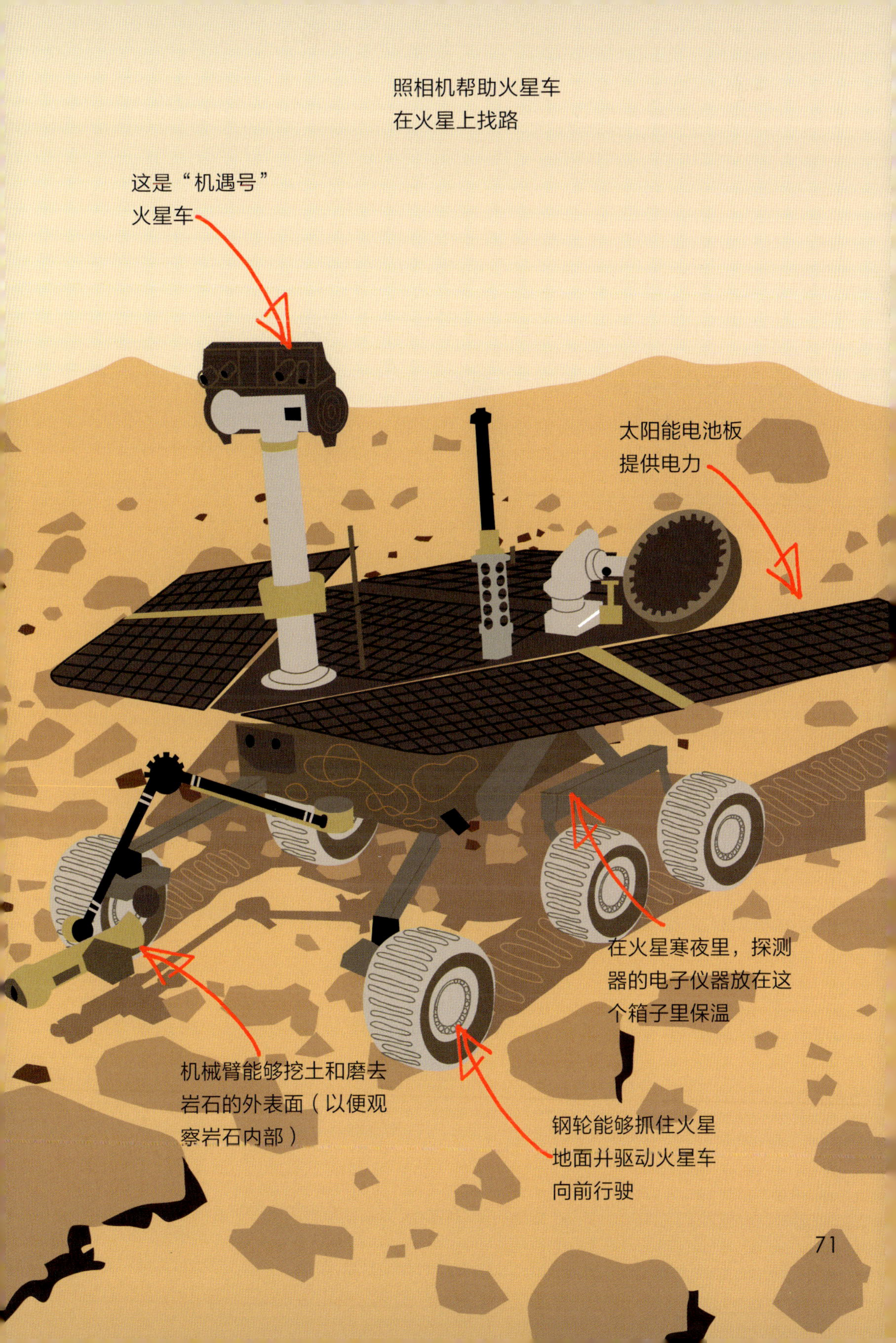
照相机帮助火星车
在火星上找路
这是“机遇号”
火星车
太阳能电池板
提供电力
在火星寒夜里，探测
器的电子仪器放在这
个箱子里保温
机械臂能够挖土和磨去
岩石的外表面（以便观
察岩石内部）
钢轮能够抓住火星
地面并驱动火星车
向前行驶

失重

30秒大揭秘

有些宇航员在国际空间站（International Space Station）之类的航天器上度过很长时间。

太空生活对人体构成了很多特殊挑战。在地球上，人的骨骼要承受重力，但宇航员在太空中沿轨道飞行时会经历失重。

航天器在太空中下落时会导致失重。在失重状态下，宇航员的椎间盘会伸展一点，所以人会稍稍变高。

在航天器里，你无法正常吃东西。普通食物的碎屑会四处乱飘，干扰仪器，造成严重的混乱，所以宇航员要吃特制的食物。他们使用的高科技马桶靠空气冲走废物，而洗澡要在密封的淋浴舱内进行（洗完后用真空吸管把水滴吸走）。

3分钟任务

太空探索里程碑连线

★首位进入太空的人（1961年）

★首位进入太空的女性（1963年）

★在太空累计停留时间最长的人

★首次太空行走（1965年）

★最长的单次太空行走（8小时56分钟，2001年）

★史上最年长的宇航员（77岁，1998年）

★约翰·格伦（John Glenn）

★苏珊·J. 赫尔姆斯和詹姆斯·S. 沃斯（Susan J. Helms　James S. Voss）

★谢尔盖·克里卡列夫（Sergei Krikalev）

★瓦莲京娜·捷列什科（Valentina Tereshkova）

★尤里·加加林（Yuri Gargarin）

★阿列克谢·列昂诺夫（Alexei Leonov）

（答案在78页）

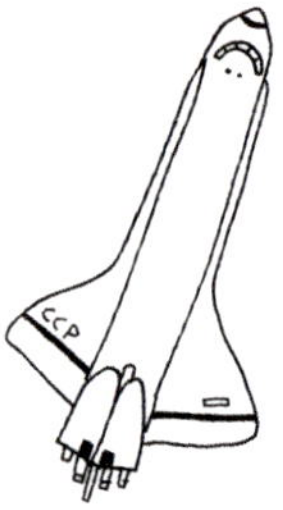

3秒钟总结

人在太空中会经历失重。

她往干燥的
食物里注水
他把饮料挤进嘴里
撒手后食物会飘走
宇航员在太空中
可增高5厘米
他用免冲洗的
洗发水洗头发

宇航服

30秒大揭秘

对人类来说，太空是一个充满敌意的地方。被称为“微流星体”的微小颗粒在太空中高速运动，快到足以穿透人的血肉之躯。太空里没有空气，所以人无法呼吸。有阳光的时候，太空酷热难当；没有阳光的时候，太空阴冷至极。

现代航天器里都有空气，所以航天器中的宇航员可以穿普通的衣服。但在起飞阶段和出舱活动的时候，宇航员还是需要穿宇航服。

出舱前，宇航员要先穿上一件吸水性超强的成人纸尿裤，因为外太空没有马桶可用。然后，再穿上特殊的水冷式内衣。接下来，要佩戴一套电子联结装置，内含无线电通信和健康监测设备所需的所有电路和导线。

宇航服主体是白色的，可以反射太阳的热能，而且有一定的厚度，能够抵挡太空颗粒的撞击。宇航服与背包式生命支持系统（Primary Life Support System，PLSS）相连，这套系统用于控制宇航服的内部温度，提供氧气，并为宇航服的电气部件供电。

3秒钟总结

宇航员穿的宇航服是一套完整的生命支持系统。

小知识

太空行走

有时候，为了从事太空实验、捕获人造卫星或者检修航天器，宇航员需要进行出舱活动（EVA）和太空行走。

出舱活动时，宇航员通常由一根系绳与航天器的外部相连。然而，在1984年投入使用的喷气背包（火箭动力装备）允许宇航员在太空中自由移动。

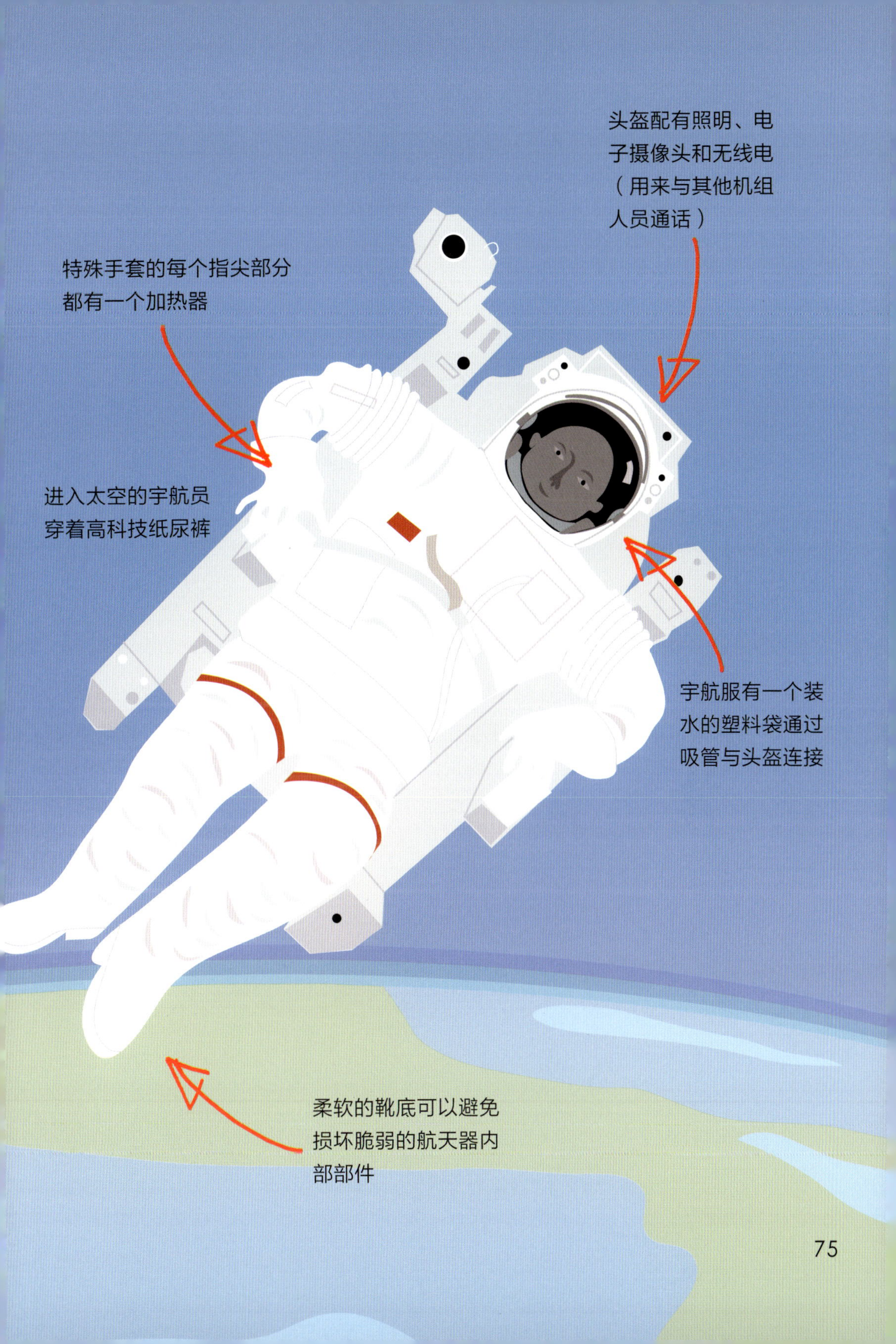
头盔配有照明、电子摄像头和无线电（用来与其他机组人员通话）
特殊手套的每个指尖部分都有一个加热器
进入太空的宇航员穿着高科技纸尿裤
宇航服有一个装水的塑料袋通过吸管与头盔连接
柔软的靴底可以避免损坏脆弱的航天器内部部件

国际空间站

30秒大揭秘

国际空间站是人类有史以来发射的最大航天器，它比1986年俄罗斯发射的“和平号”（Mir）空间站大4倍。从1998年开始，人类经过100次太空任务，以模块化方式完成了国际空间站的建设。

巨大的太阳能电池帆板（SAW）为国际空间站提供电力。每块帆板的面积超过300平方米，上面的32 800个太阳能电池负责将太阳能转化为电能。

国际空间站内部包括睡眠舱、来访航天器的对接口、两个浴室、一个健身房和大量工作区，还有工具、供给品和实验用品的存放处。

宇航员在国际空间站上进行数百种不同的科学实验。有些实验研究失重对物质和生物的影响，还有一些实验是为了观察空间站下面的地球，或者进一步了解生活在太空中的人类。

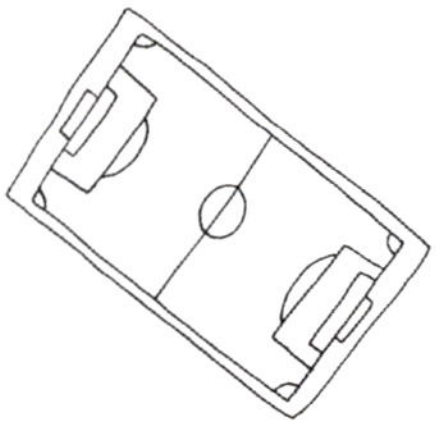

3秒钟总结

一个足球场大小的空间站在距离地球400千米的轨道上绕地球运行。

小知识

国际空间站

建造方：美国、俄罗斯、日本、加拿大和欧洲航天局

长度：74米

宽度：110米

轨道运行速度：约27 700千米/时

远征队批次：共56期（截至2018年）

首批宇航员：第1期远征队（Expedition 1，2000年）在国际空间站度过了136天

运行寿命：至2020年或2028年

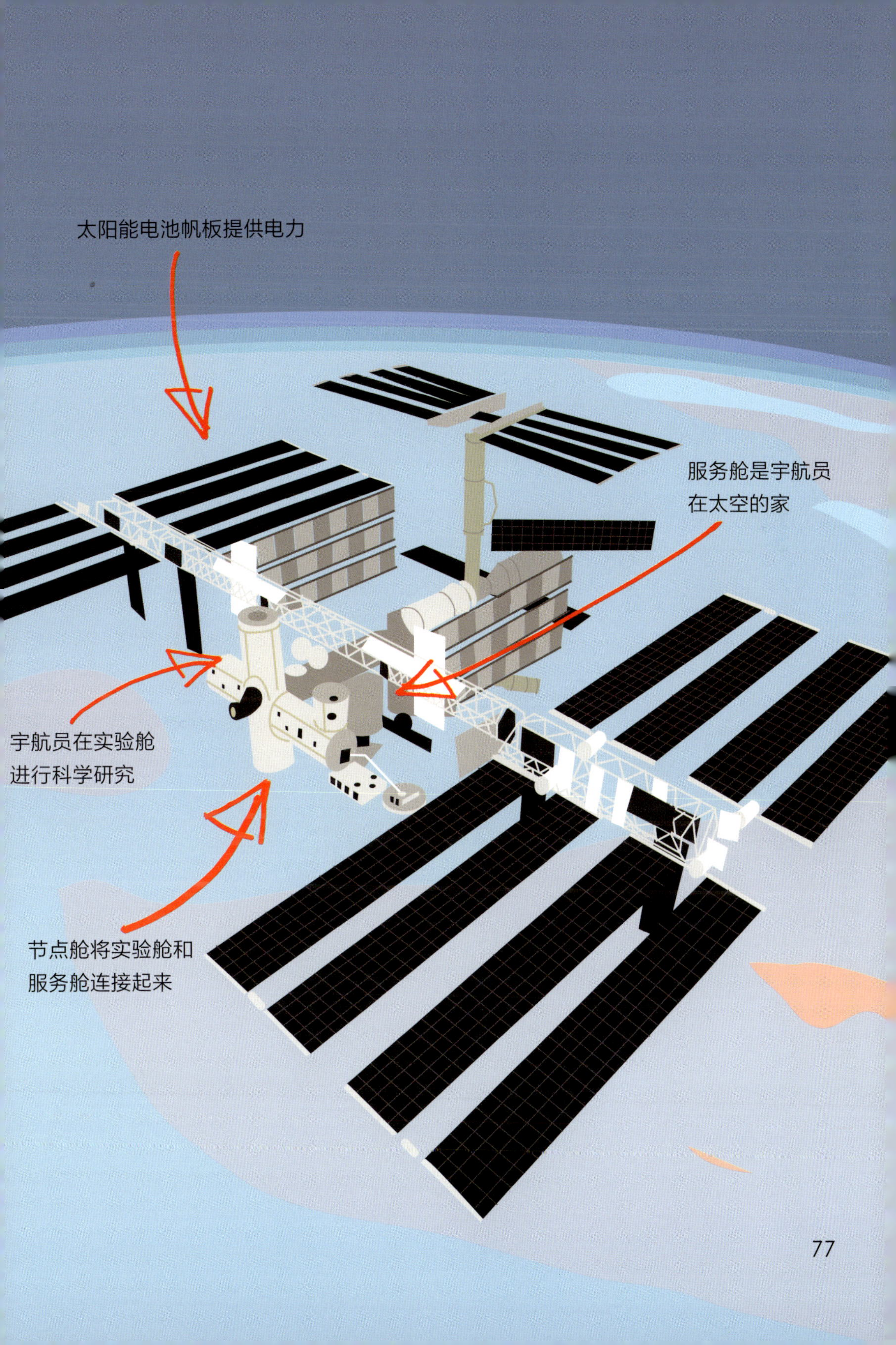
太阳能电池帆板提供电力
服务舱是宇航员
在太空的家
宇航员在实验舱
进行科学研究
节点舱将实验舱和
服务舱连接起来

☆ 小问题答案 ☆

第52页：数星星

每天可以数60 × 60 × 24 = 86 400颗恒星

每年可以数86 400 × 365.25 = 31 557 600颗恒星

数完所有恒星需要200 000 000 000/31 557 600 = 6 337.62年

第70页：太空探测器小测验

1. 土卫六
2. 5 712千克
3. 从1997年10月15日至2004年6月30日，共2 451天（含闰年和2004年6月30日），也就是6年8个月16天。

第72页：太空探索里程碑连线

- 首位进入太空的人（1961年）：尤里·加加林
- 首位进入太空的女性（1963年）：瓦莲京娜·捷列什科
- 在太空累计停留时间最长的人：谢尔盖·克里卡列夫在1988年和2005年之间执行了6个不同任务，共计803天
- 首次太空行走（出舱活动，1965年）：阿列克谢·列昂诺夫
- 最长的单次太空行走（8小时56分钟，2001年）：苏珊·J. 赫尔姆斯和詹姆斯·S. 沃斯
- 史上最年长的宇航员（77岁，1998年）：约翰·格伦